행복은 가만히,
다정하게

행복은 가만히, 다정하게

초판 1쇄 인쇄 2025년 10월 15일
초판 1쇄 발행 2025년 10월 18일

엮은이 | 오광진
펴낸이 | 임종관
펴낸곳 | 미래북
편   집 | 정윤아
본문 디자인 | 디자인 [연:우]
등록 | 제 302-2003-000026호
주소 | 경기도 고양시 덕양구 삼원로73 고양원흥 한일 윈스타 1405호
전화 031)964-1227(대) | 팩스 031)964-1228
이메일 miraebook@hotmail.com

ISBN 979-11-92073-82-8 (03800)

값은 표지 뒷면에 표기되어 있습니다.
잘못된 책은 구입하신 서점에서 바꾸어 드립니다.

행복은 가만히, 다정하게

오광진 지음

MIRAE
BOOK

| 저자의 말 |

오십 대가 되면서 나름의 공간에서 나와 점철된 세상을 관조하며 글을 쓴다. 글을 쓰는 내내 '시간이 답이다'라는 말이 떠나지 않았다.
결국 여기에 실린 글들은 시간을 보낸 후에 나온 지론들이며 시간이 되니 나온 깨우침이다. 또한 어느 정도의 시간이 흐르면 내가 믿고 있는 것들 중 오류인 것도 나타날 것이다. 그렇기에 시간은 언제나 인간들 위에 서 있으며 한 올도 잡히지 않고 흐트러짐 없이 유유히 흐르고 있다.
그물에 걸리지 않는 바람처럼 지나가지만 시간은 반드시 흔적을 남긴다. 세월의 흔적을. 나는 세월의 흔적을 하얀 백지 위에 남긴다. 어쩌면 이것이 시간을 잡아두려는 나의 몸짓이리라.

여기에 실린 글들은 나와 다른 사람이 읽을 것이고, 나와 다르기 때문에 세상을 살아온 경험과 방식, 삶을 대하는 태도와 온도는 다르리라 생각한다. 그렇기에 관념에 대한 호불

호는 있을 것이다. 틀린 게 아니라 다르기에 다르다. 그 다름에 끄덕이면 되는 것이고 간극의 차이를 이해하면 그만이다. 어차피 시간이 지나면 시간이 대답해줄 것이고 그때 가서 그것을 받아들이면 된다.

지금까지 써온 내 책에는 교과서적인 글들이 많다. 어쩌면 이런 메시지가 고리타분하고 젊은이들에겐 꼰대 짓으로 비칠지도 모른다. 본문에서도 언급했듯 반평생 살다 보니 인생살이에는 생각보다 교과서적인 것이 정답일 때가 너무 많았다. 나는 선조들과 성인들의 비범함을 닮고 싶고, 때론 상식의 식상함을 지향하고 믿으며 살고 싶다.
나란 사람은 비상함과는 거리가 먼 보편적인 사람이기에….
나 역시도 오류의 범주 안에서 오늘을 살고 있기에….

오늘도 난 '시간이 답이다'를 되뇌며 하루를 위로한다.
그리고 '괜찮다'고 나를 다독인다.

Contents

저자의 말 004

I. Living
삶이 그대를 속일지라도

가난과의 타협 012

부자가 아니라서 행복한 이유 016

시간이 지나면 괜찮다 020

지옥의 참모습 022

소소한 소리의 큰 뜻 026

영원히 종으로 살고 싶은 사람은 없다 028

시간이 곧 자산이다 030

늙어가는 게 아니라 익어가는 것이다 034

정이 있어야 외로움도 있다 036

인생에서의 가장 큰 스승 037

이별을 대하는 태도 038

결핍이 있어야 성장한다 042

오만은 신에게 대항할 수 있는 무기다 044

자책은 내 발전에 필요 요소다 046

일상 속 인간관계 안에서 무서운 사람 구별법 048

더디고 모자라도 괜찮다 050

가장 무서운 중독 052

홀로서기를 하려면 056

전화기의 양면성 058

사람이 곧 브랜드다 060

교과서는 삶의 안내서 062

장애가 나에게 온 이유 063

노력은 재능을 이긴다 064

손해 보는 장사 066

고독이라는 것 068

정신과 069

두려움은 누구나 가지고 있다 070

어디를 바라보고 있는가 072

II. Time
세월이 그대를 속일지라도

느림의 미학 076

꿈이란 뭘까? 078

용돈의 의미 084

이미 지나간 일에는
만약이란 없다 086

인생을 바꾸고 싶다면 088

의지를 갉아먹는 것 090

때론 착각이 일용한
양식이기도 하다 092

단점 투성인 사람이
매력적으로 보이는 이유 096

거룩한 바보 098

사랑이란 뭘까? 101

공부란? 102

나를 갉아먹는 것 106

위로가 되는 거짓말 108

산다는 것 110

나이를 먹어간다는 것 118

성인이 된다는 것 124

정작 있어야 할 시험이 없다 126

실도 있고 득도 있다 128

나 아닌 다른 거에
지배당하지 않기 130

이십 대에게 하는 꼰대 짓 132

Ⅲ. Person
사람이 그대를 속일지라도

인간관계의 거리 136

사람은 한 권의 책이다 138

가장 큰 슬픔 140

자식이란 142

결혼은 어떤 사람과 해야 할까? 146

불쌍한 사람들 150

위험한 사람 152

보이는 것만이 다가 아니다 156

넘어져도 괜찮다 157

잃음에 대한 대처 158

말이라는 건
그 사람의 인격이다 160

왜 태어났지? 164

친구 1 166

친구 2 168

인연을 대하는 태도 170

헤어짐에 대한 예의 172

나의 인격을 갉아먹는 것 174

사회적 직업보다 중요한 것 178

인생의 과업 182

위대한 기적 184

이별은 헤어짐이 아니라
다시 시작하는 관문이다 186

사람을 지배하는 것은? 189

소울메이트 191

고마운 사람 194

소중한 사람 195

인연 196

자존감 198

앞이 안 보일 때 199

I

Living

삶이 그대를 속일지라도

Living 1
가난과의 타협

1
없이 사는 게 죄 아닌 죄가 되어서
빚진 죄인이 되었던 적이 있다.
빚진 죄인이라서
사실이 아닌 거에 모욕을 받고
굴욕감이란 감정도 맛봤다.
억울해도 말도 못 했다.
당장 그들의 얼굴에 내던질 돈이 없어서.

자존감이 걷잡을 수 없을 정도로 급락하게 되었다.
그리고 보니 없는 게 원죄가 되어
이혼도 했다.

그 이후 딸들에게 미리 남긴
내 유언장 첫 번째 항목이 바뀌었다.
'독서해라'에서
'빚지지 말고 살아라.
 빚지면 인생을 쫓기듯 살아야 한다'로.

그런데 없이 사는 것과 가난이
언제부터 동의어로 쓰이고 있었지?
난 재력만 없지 가지고 있는 것들도 많은데….
그렇기에 세상살이는 평등하지 않아도
사람은 공평하다.
내가 갖지 않은 것을 저 사람이 갖고 있듯
저 사람 역시 내가 가진 걸 갖지 못했기에.

2

입때껏 사는 동안 익숙해진 것들이 많다.
그중에 하나가 세속적인 기준의 가난이다.
난 세속적인 부자로 살아본 적이 없다.
가난에 익숙해지다 보니 가난에도 면역항체가 생겼다.
면역력이 생기니 가난이 결코 나쁜 것만은 아니라고
자위하게 되었다.
일단 보증을 서달라는 사람이 없어서 좋고
큰돈을 내는 일이 있을 때도 면죄부가 생겨서 좋고
원래 없었으므로 적은 돈이라도 생기면
행복해져서 좋다.
그런데 무엇보다 큰 장점은
날 돈으로 보고 다가오는 사람이
자동으로 걸러지는 거다.

이런 나에게 타인들은
자기 합리화라고 할지도 모른다.
하지만
하늘에서 일확천금이 떨어질 날을 기다리기보다는
이왕이면 그렇게 생각하면서 사는 게
나에게 더 이로운 게 아닐까?

Living 2
부자가 아니라서 행복한 이유

나름 내 영역에서 열심히 살았다고 생각했는데 지금까지 살아오는 동안 내 계좌엔 돈 천만 원이 찍힌 적이 없다. 달리 말하면 나는 천만 원짜리 통장을 가져본 적이 한 번도 없는 사람이다. 그래서 천만 원의 유무가 내 부자의 기준이다.
그렇다고 쌀독에 쌀이 떨어진 적도 없다.
참 희한한 것은 나에겐 언제나 굶어 죽지 않을 정도의 돈이 생겼으며 좀 모일라치면 영락없이 목돈 나갈 일이 생겼다는 거였다. 이 일이 반복되면서 부의 영역도 어쩌면 다른 존재의 조화이며 사람마다 부의 용량이 정해져 있는 게 아닌가 하는 의심도 들었다. 구차한 자기변명일 게다.
난 돈 버는 데는 젬병인 사람이다. 애초에 다른 사람들과 출발점이 달랐던 사람이기에 선택지가 많지 않았던 이유도 있지만, 뒤늦게 시작한 장사도 숙맥이라 십 년이 다 되어 가는데 아직도 손님들한테 돈 받는 게 쑥스럽다. 자기 것을 챙기려는 억척스러운 마음보다 약간 손해 보는 게 맘 편한 사람이니 어찌 부자가 되겠는가. 나도 부자가 되고 싶다. 하지만 하늘에서 일확천금이 떨어지지 않는 한 부자가 되기는 힘들 듯하다.

그런데 부자가 아니라서 좋은 건 하나 있다. 그건 적은 돈이 생겨도 행복해진다는 것이다. 천만 원을 버는 사람이 구백만 원을 벌게 되면 불안해지지만 원래 없었던 사람은 만 원만 채워져 있어도 행복해진다. 나는 원래 주머니가 빈 사람으로 살았기에 주머니에 만 원만 생겨도 행복해진다.

그러고 보면 우리는 행복의 가치 기준을 너무 높게 잡고 사는지도 모른다. 그 행복의 기준을 반으로 하향 조절해 살면 행복이 빨리 찾아와 좋고, 그보다 넘게 되면 그만큼의 행복이 덤으로 생겨 좋지 않을까?

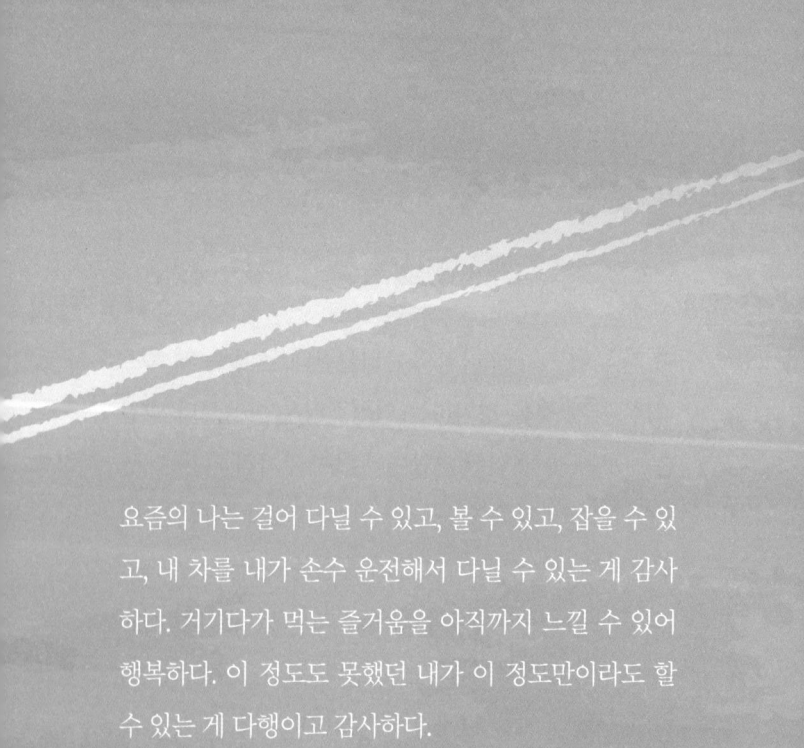

요즘의 나는 걸어 다닐 수 있고, 볼 수 있고, 잠을 수 있고, 내 차를 내가 손수 운전해서 다닐 수 있는 게 감사하다. 거기다가 먹는 즐거움을 아직까지 느낄 수 있어 행복하다. 이 정도도 못했던 내가 이 정도만이라도 할 수 있는 게 다행이고 감사하다.

Living 3

시간이 지나면 괜찮다

죽을 거 같은 이별의 아픔도
숨이 막힐 거 같은 시간도
모래알처럼 서걱거리는 인생도
영생불멸의 것이 아니라
시한부의 생명력을 지닌 것들이다.
시간이 약이다.

시간이 지나면 다 괜찮다.
이것을 믿는다면
지금 이 시간과
다음에 오는 시간이
좋게 기억될지도 모른다.

Living 4
지옥의 참모습

내 나이 열아홉 살 때 가출한 소녀들을 본 적이 있다.
누가 봐도 한눈에 갈 곳 없는 소녀들이었다.
자유를 만끽하는 환희에 찬 눈동자가 아닌
두려움에 방황하는 눈동자들을 가지고 있었다.

하이에나 같은 양아치들이 집 나온 소녀들의
냄새를 맡고 몰려들었을 때
내가 고작 할 수 있는 일은
호루라기를 부는 일뿐이었다.
호루라기 소리에 놀란 하이에나들은 줄행랑을 쳤고
가출 소녀들은 옷을 주섬주섬 챙겨 입고
그 자리를 떠났다.
그 소녀들은 지금쯤 어찌 살고 있을까?
집으로는 돌아갔을까?

집이 더 싫었을까?
아니면
바깥 세상이 더 싫었을까?
오래된 일이 되었지만
그 아이들이 궁금해지는 오늘 밤이다.

가출이란 말을 되새김질해 보니
또 세속적 단어에 묶여
세속적인 사고를 하고 있었구나 싶다.
가출(家出)은 집을 나간다는 뜻이다.
적어도 한자 풀이를 하면 그렇다.
그리고 보면 나는 오늘도 집을 나왔다.
밥 먹는 거 다음으로 많이 하는 게 가출이다.

이 말은 범법 행위적으로 사고하는
객관적 판단으로 명명하기보다는
당사자들의 의도에 따라 달리 불려야 하지 않을까?
집이 싫어서 나온 사람도 있겠지만 집은 좋지만
집에서는 자기 꿈을 펼칠 수 없을 거 같아서
나온 사람도 있으니까 말이다.
어쨌거나 가출이라는 세속적인 의미에서의
해석은 좋지 않음이 지배적이다.
안 좋은 것이 하루아침에 좋아지기는
어려운 일이 아니던가.
싫어지는 것이 좋아지기까지는 시간이 필요하다.
시간은 멈춰지지 않는다.
지금 이 순간도 멈춰지지 않은 채 지나가고 있다.

그래,
시간이 답일 수도 있겠다 싶다.
모든 건 다 지나가는 것이니까.
지금 지옥스럽다 하여도 영원히 지옥스럽지는 않다.
이 지옥이 영원할 거라는 생각만 버린다면.

**이 세상에 영원한 것은 없다.
멈춰진 사고,
그게 지옥이다.**

Living 5
소소한 소리의 큰 뜻

밥 챙겨 먹어.
분리수거 좀 해.
세탁기 좀 돌려줘.
청소해.
일어나.
톤이 높으면 잔소리가 되고
톤이 낮으면 애정 어린 소리가 된다.
어쨌거나 '날 위한' 소리고 '나 좀 도와줘'란 소리다.

잔소리는
잔잔한 소리를 줄여서 만든 말이라고 생각한다.
잔소리는 주로 일상생활에서 쓰이는
생활 의사 언어다.
잔잔함은 소소함으로 바꿀 수가 있다.
잔소리는 소소한 소리다.

소소한 소리로 일상생활의 소소함을 챙겨주니
이 얼마나 고마운 소리인가.
그 가치는 잔소리를 하던 사람이 떠나면 깨닫게 된다.
그 잔소리가 그리워질 테니까.

Living 6
영원히 종으로 살고 싶은 사람은 없다

잔잔한 어른의 마음에 돌을 던지는 소리.
때론 잔소리에 대응하는 소리.
말대꾸.
나이 어린 사람이나 부하직원이
나이 많은 사람의 말에
토를 다는 행위가 말대꾸.
나이 많은 사람의 말에
나이 어린 사람이 대꾸하는 것은
자신의 의견이자 자기를 지키겠다는 방어기제.
나이 많은 사람은 나이 어린 사람이 순종하길 바란다.
나이 어린 사람은 나이 많은 사람에게 존중을 바란다.
순종을 바라는 자와 존중을 바라는 자가 맞부딪히면
스파크가 생긴다.

전쟁이다.
이 전쟁에서의 승률은
순종을 지향하는 쪽이 더 우세하다.
순종을 바라는 쪽은 대부분 부와 권력을 쥐고 있다.
그러나 이겼다고 자축은 하지 말자.
이 세상에 영원히
종으로 살고 싶은 사람은 없다는 것을
깨닫는 순간,
이겨도 이긴 게 아님을 알게 된다.
그리고 존중을 바라는 쪽도 이것 하나는 잊지 말자.
순종을 바라는 쪽의 속내도
결국 존중을 바라서라는 것을.

Living 7
시간이 곧 자산이다

나는 지금 오십 년이 넘은 세월을 살고 있다.
시간으로 환산해 보니 사십사만 칠천여 시간을 산 셈이다. 앞으로 나에게 남은 시간이 얼마나 더 있는지는 알 수 없다.

모든 사람에겐 저마다 자신이 쓰고 갈 시간이 주어져 있다. 그 시간은 공평하게 주어지진 않는다. 어떤 사람은 길고 어떤 사람은 짧고.
사실 난 내 시간에 대해 크게 염두에 두지 않고 살았을 뿐더러 아깝다는 생각도 별로 하지 않고 산 듯싶다. 내 시간이란 개념을 가지고 있지 않았다는 것이 더 정확할 것이다.
사람들이 "시간 되세요? 시간 좀 내줄 수 있어요?"라고 물어보면 그냥 예의상 물어보는 거라 생각했다. 그런데 이 나이가 되어보니 '사람마다 주어진 할당량의 시간이 있구나' 하는 것을 깨닫게 되었다.
사람들이 시간 되냐고 물어보는 건, 평생 할당된 내 시간을 자기에게 내줄 수 있냐는 말과 같은 맥락이다. 창피한 일이지만 그 소중한 개념을 늦게 깨달은 것이다. 시간 개념이 없었으니 자기 관리를 제대로 했을 리 만무하다. 허송세월로 내 몫의 시간을 보낸 적도 있다. 이 나이가 되어보니 가치 없는 것에 시간을 쓴 것이 아깝고 후회스럽다.

나에 대해 자신이 없던 시절, 외모를 꾸미는 데 쓰는 시간을 십 분만 줄였어도 어마어마한 시간이 절약되었을 것이며 매일 한 시간씩만 일찍 일어났어도 지금쯤이면 많은 시간이 저축되어 있을 것이다. 그 시간을 가치 있는 일에 투자만 했어도 지금보다 나은 생활을 하고 있지 않았을까? 적어도 그 시간에 책을 읽었다면 족히 수

백 권은 읽었을 텐데…. 그 시간을 현재 시급으로 환산하면 적어도 스무 평짜리 아파트 한 채는 샀을 텐데….
그래서 오늘도 난 아이들에게 잔소리를 한다.
거울 보는 시간 십 분씩만 줄이라고.
십 분의 가치가 훗날 어머어마한 자산으로 남을 거라고.

Living 8
늙어가는 게 아니라 익어가는 것이다

살려고 하니 살아지게 되고
죽으려 하니 죽어지지는 않더라.
살아지게 되니 살고 있고
살고 있으니 살게 되더라.

청춘은 청춘이라서 아름답다.
하지만 나이가 들어간다는 것엔
그윽한 아름다움이 있더라.

그것은 피어나는 아름다움이 아니라
익어가는 아름다움이더라.

Living 9

정이 있어야 외로움도 있다

사람은 누구나 외롭대.
그거 알아?
외로운 감정이 없는 사람에겐
온기도 없다는 거.

외로움은 슬픔이 아니라
감사한 마음이 아닐까?
아이러니한 소리지만,
외로움이 없었다면
이 세상은 삭막한 사막과도 같았을 거야.

외로움이 있었기에
내가 너를 찾고 너가 나를 찾아오는 거야.

Living 10

인생에서의 가장 큰 스승

꽃이 핀다.
자세히 보니 오밀조밀한 것이 예쁘다.
향기도 난다.
다음 해 같은 자리에서 같은 꽃이 폈다.
자세히 보니 꽃 속에 꽃이 피어있다.
그땐 왜 못 봤을까?

길을 걷다가 아까 본 꽃을 보았다.
저 꽃도 꽃 속에 꽃이 피어있겠지.
나는 저 꽃을 어제도 만났으니까.

경험과 경험이 만나서 만들어지는 것이 안목이다.
그렇기에 인생에서 가장 큰 스승은 경험이다.

Living 11
이별을 대하는 태도

나는 이별을 담담하게 대할 자신은 없다. 사랑하는 이가 떠났을 때는 사랑한 만큼 아픈 게 당연하다. 지금의 난 그 당연함에 순응하는 사람이다.

이별은 온도의 차이에 따라 그 강도 또한 달라진다. 고백건대, 수십 년 날 길러주신 아버지가 돌아가셨을 때 난 크게 애도하지 않았다. 아버지와 이렇다 할 추억거리도 없었고 그리 정겨운 사이도 아니었다. 무엇보다 아버지들은 속으로 울고 그 눈물은 까만 잿빛이라는 사실을 아버지가 아닌 그때의 나는 몰랐다. 가장이란 이름으로 사는 많은 아버지들의 슬픈 자화상일 게다.
십 년 동안의 결혼생활이 끝났을 때도 가정이 붕괴하는 허무함으로 방황한 적은 있었어도 그만큼 아픔의 강도는 세지 않았다. 사랑 없이 부족한 나와 살아준 사람이기에 도의적 미안함과 인간적인 고마움만 있다.

더욱이 소중한 내 두 딸을 낳아준 사람이기에 증오 따위 없다.

그런데 일 년 동안 사랑했던 사람이 떠난 뒤에 온 고통은 수시로 찾아오는 편두통처럼 현재 진행형이다. 진심을 다해 나를 사랑했던 사람임을 알기에 그 사람의 부재가 더 크게 다가왔다. 그런 사랑을 줬던 사람이 어느 날 이별 통보도 없이 갑자기 떠났다. 연락을 해도 연락을 받지 않는 행불자나 다름없는 사람이 되었기에 왜 떠났는지 정확한 이유는 아직도 모른다.

떠난 이유가 타인들이 추측할 수 있는 세속적인 이유라도 상관없다. 그 사람과 함께한 시간이 좋았고, 같이 마셨던 쓴 커피가 달콤했고, 같이 갔던 그곳이 소중했으면 그걸로 된 거다. 나에게, 가고 싶은 그리움을 남긴 사람이기에 내가 싫어져서 날 떠났다 해도 괜찮다.

괜찮기에…더 아프다. 내 인생 중 우울했던 한 단락을 아름다움으로 덧칠해준 그 사람이기에 또 아프다.
너무 오랜 기간 아팠기에…
이젠 그만 아프고 싶다는 게 아프다.
그래서 이젠
고마움만 남았으면 좋겠다.

나에게 아직 아픔이 남아있는 건 또 다른 사랑이 찾아오지 않아서일까? 부디 또 다른 사랑이 찾아와 이 아픈 가슴을 달래주고 텅 비어있는 가슴 한편을 채워주었으면 좋겠다. 그래서 떠난 이별에 담담할 수 있고 앞으로 오게 될 모든 이별에 당당하게 맞설 수 있는 사람이 되었으면 좋겠다.

사람으로 인한 슬픔에는
사람이 빠른 약이고
돈으로 생긴 상처에는
돈이 가장 빠른 약이다.

하지만!
여기에 길들지는 말자.
이별로 일어나는 현상에 대해 지그시 관조할 수 있는
담대함으로 이별을 대하는 연습을 하자.

Living 12

결핍이 있어야 성장한다

배가 고프면 밥을 먹는다.
돈이 없으면 돈을 벌러 나간다.
사랑이 모자라면 사랑 받기를 갈구하게 되고
찾아 나서기도 한다.
결핍은 사람을 능동적으로 만드는
인생 센서 중 하나이다.
이 센서에 과부화가 걸리면 인생 종치고
반면 너무 없으면 오만방자하게 될 수도 있다.

적당한 것이 좋듯
결핍도 적당히 있는 것이 좋다.
또한
결핍이 있어야 사람은 성장한다.

042 / 043

Living 13
오만은 신에게 대항할 수 있는 무기다

오만, 자만
차 한 잔의 여유로운 시간을 보내며
저 말들에 대해 사유해본다.
거부감이 들지만 왠지 친해지고 싶은 마음도 생긴다.
왜일까?
어쩌면 나를 너무 낮잡아 보는 자들을 짓밟아버리기 위한 무기를 장착하고 싶은 욕구 때문이 아닐까?
오만(傲慢)에서 만(慢)은 남태평양 연안 어느 원주민의 언어로 현상 뒤에 숨어있는 초자연적인 힘을 의미한다고 한다. 어찌 보면 '만'은 신에 대항하기 위해 만든 인간의 무기가 아닐까? 그래서 교만하지 말라고 하느님이 성경을 통해 인간들에게 엄중히 경고한 것이 아니었을까? 무기를 꺼내지 말라고.
이 무기를 꺼내지 않아서 인간이 얻게 되는 것은 무엇일까?

그건 아마도 해탈일 게다.

인간 성숙의 최종판 해탈.

우리가 성자로 부르는 존재들이 마지막으로 버렸던 것이 만(慢)이 아니던가. 그러나 보통의 사람보다 못 미치는 삶의 질로 사는 사람들은 보통의 삶이라도 살길 바라는 사람들이다.

이런 사람들에겐 적당한 오만도 필요하고 적절한 자만도 필요하다. 그것이 오히려 날 더 추락시키지 않는 동력이 되어줄 것이고 날 위한 배려일 테니까.

오만하되 교만하지 말고
자만하되 기만은 하지 말자.

Living 14

자책은 내 발전에 필요 요소다

사이코패스나 소시오패스들에게
없는 감정이 자책감이다.
고로
자책을 할 수 있는 사람은
최소한 사이코패스나 소시오패스는 아니다.
자책하지 못하는 사람은 도덕성도 없다.
그렇기에 그들을
구제받을 수 없는 환자로 분류하는 것이다.

도(道)와 덕(德)은 인간이
인간답게 살게 하는 덕목이자 발전의 원천이다.

자책은 자기 발전에 도움을 주는
중요 재료 중 하나다.

Living 15
일상 속 인간관계 안에서 무서운 사람 구별법

인생을 수십 년 살다 보니 수많은 사람과 대화를 하고 수많은 사람을 만났다. 세상을 살다 간 선조들과 선배들은 만나는 사람에게서 단점을 찾으려 하지 말고 장점을 찾아보라지만, 나는 아직 미성숙한 사람이기에 이분법적 사고에 갇혀있음을 인정한다.
지금까지 살아오면서 나름의 무서운 사람이라고 느껴 선별한 부류가 있다.

대화에서 자기반성과 자기검열이 없는 사람이다. 이런 사람 대부분은 안하무인인 경우가 많다. 자기검열을 통한 자기반성이 없는 사람들은 자기주장이 세며 그것을 자신감이라고 여긴다.
이런 사람은 피하는 게 상책이다.
자신을 돌아보지 못하는 사람은 일 년생 생물과 같아서 다른 사람을 배려할 줄도 모른다. 배려를 할 줄 모르니

천상천하유아독존이 아닌,

천상천하유아 독!종!으로 살아갈 수밖에.

Living 16
더디고 모자라도 괜찮다

어떤 친구가 나에게 이런 말을 한 적이 있다.
"넌 열등감이 많아."
이 말을 들었을 때 그 친구에게 내심 화가 났다. 하지만 그 친구의 말이 그리 틀린 말도 아니기에 반박은 하지 않았다.
나는 열등자가 맞다. 영양실조로 뇌성마비에 걸렸던 나는 애초부터 출발점이 달랐다. 남들이 걷기 시작할 무렵 난 숟가락을 쥐었다. 숟가락을 쥐지 못하면 우리 엄마는 밥을 주지 않았다.
남들이 뛰어다닐 때 나는 서서 걸음마를 했다. 걷지를 못하면 우리 엄마는 또 밥을 주지 않았다. 밥을 먹기 위해서 숟가락을 쥐었고, 섰고, 걸었다. 남들이 열 번 하면 될 걸 난 수십 또는 수백 번을 해야만 했다. 그러다 보니 어느샌가 남들 뛰어놀 때 어쭙잖게 그 무리에 낄 수 있게 되었고, 그들에 비해 뒤처지는 나를 보면서 원망도 했었다.
반면, 그들에게 이기고 싶은 마음도 들었다.
그리고 간혹 이길 때도 있었다.
열등감이라는 거, 그렇게 나쁜 것만은 아니다. 누군가는 열등감 때문에 자신을 죽이지만 또 어떤 이는 열등감이 촉매제가 되어 자기 능력을 키우는 데 쓰기도 한다.

모든 걸 다 잘할 수 있는 사람은 없다.
그렇기에 조금 더뎌도 괜찮고 모자라도 괜찮다.
한 치 앞도 모르는 게 사람 일이다.
빨리 가서 넘어질 수도 있고 더디게 가서 목숨을 구할 수도 있다.
그것이 인생이다.

Living 17
가장 무서운 중독

독 중에 가장 무서운 독이 무엇일까?
나는 '중독'이라고 생각한다. 중독이라는 것은 나를 현혹하는 매력과 나를 종으로 만드는 마력을 지녔다. 팜므파탈적인 속성을 지닌 것이 중독이다.
마약중독, 알코올중독, 성형중독, 쇼핑중독, 명품중독, 도박중독 등등… 헤아릴 수 없을 정도로 중독은 많다. 중독 중에서 가장 무서운 중독은 도박중독이다. 도박중독은 맹독을 가진 살모사에 물리는 것보다 더 잔인한 독성을 지녔다. 짧은 시간에 사람을 죽이지 않고 서서히 말려 죽인다.

알코올중독은 내성이 생겨 한계가 있지만 도박중독은 내성이 없어 돈이 없는 한 끝까지 간다. 한번 빠지면 돈이 더는 나올 곳이 없어야 그만둘 수 있다. 그로 인해 도박을 하게 되면 잃게 되는 것이 너무 많다.

돈
명예
직장
몸
집
친구

심지어는 가족까지 잃게 될 수도 있다.
그래서 패가망신이란 말이 나오게 된 것일 게다.
반면 얻게 되는 것도 있다.
그건 '피폐함'이다.

도박에 중독이 되게 하는 근본적인 원인은 무엇일까? 쾌락을 느끼게 하는 도파민의 영향도 있겠지만 그에 앞서 '시간' 때문이 아닐까? 만약 로또 당첨 시간을 일

주일이 아닌 일 분 뒤에 결과를 알 수 있게 한다면? 매일 같이 복권방은 문전성시를 이룰 것이고, 로또 때문에 망하고 죽는 이도 많았을 것이다.

그렇듯이 카지노에서 성행하는 바카라니 블랙잭이니 하는 도박성 게임의 결과를 몇 분이 아니고 몇 달 뒤에 알게 한다면? 도박에 중독되기는 매우 어려울 것이며 빠지기도 어려울 것이다.

Living 18

홀로서기를 하려면

아이들이 한글을 깨우치면 나는 칭기즈 칸의 편지를 강제로 암송하게 했다. 부모를 잃고 마을에서도 버림을 받았던 칭기즈 칸 태무진처럼 강한 사람으로 살기를 바라서였다. 내 아이들은 한창 엄마의 손길이 필요할 무렵 부모의 이혼으로 엄마의 손길 없이 자랐다. 때문에 나는 결손가정이라는 꼬리표를 떼고 부재감을 이길 수 있는 강한 아이들로 키워야 했다.

어린아이가 제법 긴 장문의 칭기즈 칸 편지를 암송하는 것이 기특하고 신기해 보였는지 큰아이와 작은아이는 교장선생님 앞에서 암송도 하고 조회 시간에 전교생 앞에서 암송도 했었다. 내 아이들이 다른 아이들에게 모범이 된다는 게 얼마나 다행이었는지 몰랐다. 이후 아이들은 성인이 되었고 성인이 되었을 때 나는 독립을 시켰다.

부모로서 아이들을 보호할 법적 보호 의무는 스무 살까지라는 걸 난 존중한다. 부모의 간섭은 스무 살까지로 족하다. 그다음은 아이들의 세상을 만들어 가게 놔둬야 한다는 게 맞다고 생각한다. 내 아이들은 지금 자의 반 타의 반 상황상 홀로서기를 하고 있는 중이다.

홀로서기는 잘하고 있는 걸까?
잘해주었으면 좋겠다.
엄마의 빈자리를 만든 이 아비의 부채감이 조금은 가벼워지게….

홀로서기의 기본은 강인함이다.
이 험한 세상을 살아가려면 몸도 마음도 강해야 한다.

Living 19
전화기의 양면성

이 시대를 살아가는 데 필수품이지만
누군가에겐 때로 고문의 도구가 되는 기계.

전화기를 발명한 벨도 훗날 전화기가 고문의 도구가 될지는 몰랐을 게다. 우리에게 편리함도 주지만 심적 불편함을 주는 것도 부인할 수 없는 사실이다.
전화에 관련해서 내 인생 법칙엔 삼진 아웃제라는 게 있다. 내 전화를 세 번 거절하면 나는 그 사람에게 사적인 전화는 하지 않는다. '처음엔 바빠서 안 받을 수 있다. 두 번째는 그럴 수도 있다. 세 번째는? 내 전화를 받기 싫어서다'라고 단정 짓고 더는 전화를 하지 않는다. 이런 내 태도를 보고 속 좁은 사람쯤으로 생각할지도 모르겠다.
하지만 내 딴에는 그 사람을 위한 배려이다. 받기 싫은데 내가 계속하면 그 사람에게 내가 의도치 않게 고문을 하고 있는 게 아닌가. 그게 아니라면 훗날 그 사람은 나에게 전화해오지 않을까?

끊어질 인연이라면 내가 애태워도 끊어지기 마련이다.
기분 나빠할 일도 아니다.
왜 전화를 받지 않냐고 따질 필요도 없다.
그럴만한 이유가 있다면 언젠가는 말할 것이고, 이유가 없다면 그게 이유다.

Living 20
사람이 곧 브랜드다

'사람이 곧 브랜드다.'
나는 돈으로 환산하면 얼마짜리일까?
사람은 보이는 것만이 다가 아니다. 그 사람의 가치는 재산 상태로만 측정할 수 없다. 경제력으로만 그 사람의 가치를 평가한다면 가난뱅이였던 소크라테스나 평생 집 한 채 없이 살다 간 성직자들, 전 재산 다 팔아서 나라를 구하다 가신 독립운동가들의 가치는 최하등급으로 매겨야 할 것이다.
그러나 세상 그 누구도 그들의 가치를 낮잡아 보진 않는다. 그러고 보면 경제적 가치보다 도덕적 가치와 지적 가치가 더 높은 가치로 매겨지는 건 분명한 사실이다. 명품이 브랜드 가치가 높은 건 질이 좋기 때문이기도 하다. 사람도 질이 좋기 때문에 명품이 되는 것이다.

사람이 브랜드라는 말은 '내가 곧 브랜드'란 말과 같다.

오너가 자신의 회사를 어떻게 운영하느냐에 따라 성장하고 브랜드의 가치가 올라가듯 나란 사람의 오너는 '나'이다.
내가 나를 잘 운영하지 못하면 평가절하될 것이고.
내가 나를 잘 운영하면 내 가치 또한 올라간다.
내가 가치 있는 일을 하면 내 가치 또한 올라가고
가치 없는 일을 하면 그 가치 또한 떨어진다.

나란 사람의 브랜드 가치는 얼마짜리일까?
지금 나의 가치를 알려면 나란 브랜드를 진열대에 올려놓았을 때 사람들이 살 것인지 안 살 것인지를 생각해보면 알 수 있지 않을까?
소크라테스가 만든 빵과
도둑놈이 만든 빵 중에 당신은 어느 빵을 살 것인가?
자신의 가치는 자기가 키우는 것이다.

Living 21

교과서는 삶의 안내서

내가 입때껏 살아오면서
최고의 지침서를 꼽자면
단연코 교과서라고 말하고 싶다.
세상엔 생각보다 교과서적인 게
정답일 때가 너무 많아서다.
엄선과 엄선을 통해
만들어진 책이 교과서이고
많은 경험을 토대로 나온 삶의 안내서가
교과서적인 조언이기 때문이다.
그러나 우리는 이런 이야기를
고리타분한 소리로 치부한다.
너무 흔해 식상하기 때문이다.
그러나 우리가 지금 살고 있는 건
그 흔한 것들 때문이 아닐까?
자연은 인간들에게
꼭 필요한 것들을 많이 만들었다.
공기가 그렇고 물이 그렇다.

Living 22

장애가 나에게 온 이유

인생에서 항상 막혔다고 생각했던 장애들이
시간이 지나고 나니까 전화위복이 되더라.
지금 당장 내가 가지고 있는 장애 때문에
힘들어도 나를 괴롭히진 마라.
나를 잃으면서 얻어야 할 성취는 없다.
벽에 부딪혀 봐야 한계를 안다.
넘어져 봐야 일어설 수 있는지를 안다.
이런 과정을 시간의 배에
몇 차례 실어 보내야 비로소 알게 된다.
오래된 것은 그 시간과 향기를 품고 있다는 것을.
그 시간과 향기가 전화위복이 된다는 것을.

Living 23
노력은 재능을 이긴다

나는 순가락도 못 쥐던 사람이었다.
무던히 노력을 해서 쥐게 되었다.
나는 기타를 못 치던 사람이었다.
손가락 살갗이 까지기를 수없이 겪은 후에
기타를 치게 되었다.
나는 당구를 엄두도 못 냈던 사람이었다.
그런 사람이 당구장을 운영하게 되었으며
지금은 웬만하면 지지 않는 실력을 가지게 되었다.

나는 잘 서지도 못했던 사람이었다.
그런 사람이 수없이 무르팍을 땅바닥에 내준 후에야
서게 되었고 걷게 되었으며 달리게 되더니
자전거를 타고 오토바이를 타고 자동차를 타게 되었다.

노력은 재능을 이긴다.
이긴다는 사실을 믿지 않으니 지는 것이다.

Living 24

손해 보는 장사

시도도 무료이고
꿈도 무료이다.
그러한즉
시도하지 않고
꿈을 꾸지 않는 것은
손해 보는
바보짓이다.

Living 25
고독이라는 것

고독과 외로움이 하루에
담배 열다섯 개비를 피우는 것만큼 해롭다고 한다.
코로나 기간에 코로나로 죽은 사람보다
자살로 죽은 사람이 만 명 이상 많다.
그들에게 필요한 건 어쩌면
따뜻한 위로가 아니었을까?

고독하다.
외롭다.
누군가 외롭다고 하면 간과하면 안 된다.
그건 방조죄에 해당하니까.

Living 26
정신과

뼈를 다치면 정형외과로 가고
감기에 걸리면 내과로 가고
눈이 아프면 안과에 간다.
마음이 아프면?

정신과는 마음에 면역력이 떨어지면 가는 곳이다.

Living 27

두려움은 누구나 가지고 있다

사람은 누구나가
두려움이란 감정을 가지고 있다.
인간인 이상 두려움을 없앨 순 없다.
그건 신의 영역이기 때문이다.
두려움을 없애겠다는 생각은 어쩌면
자기가 신이 되겠다는 것과 같은 것일 게다.
우리는 두려움을 극복할 순 없다.
누군가가 어떤 용감한 사람에게
'저 사람은 두려움이 없나 봐'라고 한다면,
이렇게 말해주고 싶다.
'저 사람도 그냥 참는 거'라고.

Living 28
어디를 바라보고 있는가

우물 안에 개구리란 말이 있다.
그 안에선 그 세계가 전부이고
그 안에선 자기가 제일 높은 사람인 줄 안다.

더 큰 세계를 봐야 자기 위치가 보인다.

사회적 지위나 계급의 높낮이가 그 사람의 위치를 평가하는 전부가 아니라 마음의 폭이나 사물을 바라보는 식견, 사유의 깊이가 그 사람의 진가를 말해주는 것이다. 그렇지 않고 사회적 직위만으로 그 사람을 평가한다면 자기 스스로 우물 안에 개구리가 되는 것이다.

만약 사회적 위치로만 그 사람의 가치를 평가한다면 부처나 예수나 소크라테스 같은 성인들은 평가절하되어야 마땅하다.

내가 지금 무엇을 하고 있느냐도 중요하지만

내가 지금 무엇을 바라보고 있느냐도 중요하다.

II

Time

세월이 그대를 속일지라도

Time 1
느림의 미학

발걸음이 더디다고 속상해하지 마라.
남들보다 더 높게 올라가지 못했다고 자책하지 마라.
이미 지나간 일에 미련을 두지 마라.
어차피 지나간 일에는 만약이라는 건 없고
한 번의 성공보다 선택과 후회가 더 많은 게 인생이다.
빨리 핀 꽃이 빨리 진다.
인생을 다 풀 수 있는 만능키는 없다.
그냥 늦더라도 묵묵히
내가 가야 할 곳을 가면 그만이다.

Time 2

꿈이란 뭘까?

1
나에겐 꿈이 세 가지가 있었다.
꿈이라기보다는 세상이 나에게 준 숙제?
세상이 나를 시험하기 위한 과제?
나는 그것을 꿈이라 여기며 살았다.

글을 쓰는 작가가 되는 것
결혼식을 하는 것
운전면허증을 따는 것

나는 어린 시절 본의 아니게 수천 개가 넘는 시선을 온 몸으로 받아야 하는 수모를 겪은 후 남들 앞에 서지 못하는 대인공포증이 생긴 사람이다. 그로 인한 트라우마는 단체생활에 큰 장애를 가져다주었고 사회생활 또한 제대로 못하게 만들었다. 보통 사람들에게 아무것도 아닌 것들이 나에겐 큰 산이었다. 많은 사람 앞에서 무엇을 한다는 것 자체가 큰 공포였다. 난 거기에 맞설 '용기'가 없었다.
이런 사람이 남들 앞에서 결혼식을 하고, 남들 앞에서 운전면허라는 국가고시를 치러야 한다는 게 여간 어려운 게 아니었다. 긴장이라는 거, 나에겐 제우스에게 대항하다 지구를 짊어지는 형벌을 받은 아틀라스의 고충이라고 해도 과언이 아니다.
결국 결혼식을 못 치르고 결혼생활을 하다가 이혼하게 되었다. 하지만 그 무렵 비록 이별의 아픔은 겪었지만, 용기라는 것을 통찰하게 되었다.

용기라는 거,
위험한 일을 해내는 것도 용기지만
실패하더라도 거기에 맞서는 것 또한 용기다.

난 거기에 맞설 용기 없는 겁쟁이였던 것이다.

훗날, 내가 어쩔 수 없이 사람들을 상대해야 하는 장사를 하게 된 후부터 사람들과 어울리고 있고 때로는 사람들 앞에서 강연도 하고 있다. 자주 부딪히다 보니 대인공포증이 서서히 옅어진 거 같다.

운전면허는 오십이 넘어서 취득했다. 코스에선 세 번 떨어졌지만 주행에서는 냉큼 한 번에 붙었다. 운전면허에 통과한 날이 내 인생에서 가장 기쁜 날이었다.

면허증을 취득하고 나니 운전하는 게 별거 아니라는 생각이 들었다. 이 별거 아닌 것 때문에 삼십 년이란 세월을 뚜벅이로 살았고 삼 톤이나 되는 바위를 가슴에 매달고 살았던 거였다.

이렇듯 우리가 지금 근심과 걱정으로 사는 것들이 어쩌면 별거 아닐 수도 있다. 살다 보니 근심·걱정이었던 것들과 막상 맞닥뜨리면 별거 아닌 것들이 많다.
그러니 미리 겁먹진 말자.
어차피 올 일은 오고 안 올 일은 오지 않는다.
오히려 그 불안이 없을 일도 끌어들일지 모른다.

2
내게 있어 꿈은 이런 거였다.
세상이란 학교에서 해야 할 숙제와 같은 것. 숙제를 하기 위해 우리는 인생이란 수업을 들어야 하고 그 수업을 받으면 발전이 된다. 그 숙제는 누가 내주는 게 아니라 내가 나에게 내는 숙제다. 내가 나에게 숙제를 내주지 않으면 그 사람은 그냥 그 자리에 붙박이처럼 서 있는 고목과 같은 것이다.

꿈이라는 거.
내가 살아야 할 이유이자 원동력이기도 하다. 그리고 꿈을 꾸고 그 꿈을 향해 가다 보면 어느샌가 신기하게도 내가 꿈과 닮아가고 어느샌가 옆에 있게 된다.
나는 어찌 생각하면
세 가지의 꿈을 다 이룬 셈이다.

이루고 나니 하고 싶은 마지막 꿈이 생겼다.
날 원하는 곳 어디든, 몇 명이 날 부르든 상관없이 가서 그 사람들의 이야기를 들어주고 할 수 있다면 위로를 해주는 것. 스콧 니어링 같은 삶은 살 수 없어도 헬렌 니어링 같은 반려자와 함께 여생을 마감하는 것. 반백 년 전 꿈은 그런대로 이룬 것 같으니 남은 시간은 남은 꿈을 향해 가야 하는 게 인생의 여정 아닐까?

Time 3
용돈의 의미

2014년 7월 30일 수요일.
내 나이 사십삼 세.
중2였던 큰아이가 고깃집에서
알바를 하고 받은 오만 원 중 만 원을 내게 준다.
오십 세가 훌쩍 넘은 지금까지 난 그 돈을 못 쓰고 있다.
용돈은 주는 사람의 땀이다.

경제력이 없는 학생들에겐 용돈이
일용한 양식이며 용돈 받는 날은 신의 축복이다.
아내에게 받는 용돈은 지극히 감사한 돈이며
한 달 동안 뼈 빠지게 일한 눈물의 결과다.
남편이 어쩌다가 아내에게 주는 용돈은 횡재 돈이다.
백수인 아들이 늙은 부모에게 받는 용돈은
염치없이 받아야 하는 담뱃값이다.
자식이 주는 용돈은,

자식이 잘나가면서 주는 용돈은 보람이겠지만
그렇지 못하고 한 달 몸 고생하고 주는 용돈은
가슴 아픈 돈이더라.

내 이때껏 살아오면서 애들 돌반지는
다 팔아먹고 살았지만
큰아이가 처음 용돈이라고 준 돈은 못 쓰겠더라.

Time 4
이미 지나간 일에는 만약이란 없다

사람은 누구나 자기만의 감옥이 있다고 한다.
아무도 가둔 적이 없는데 우리는 왜 못 나오는 걸까?
그 감옥의 간수도 나고 죄수도 나이며 나올 수 있는
열쇠를 가지고 있는 사람도 나란 사람이다.
결국, 그 감옥에서 나오는 방법은
내가 나를 이기는 수밖에 없다.

인생 백 년도 겨우 산다.
좋은 것만 보고 좋은 사람만 보고 살아도
빠듯한 시간이 남았을 뿐이다.
자신을 가두는 감옥에서 살기엔
내 인생과 세상이 너무 아깝지 않을까?
이미 지나간 일엔 만약이란 없다.
빨리 핀 꽃이 빨리 진다.
인생을 다 풀 수 있는 만능키는 없다.

그럴진대, 언제까지
감옥에 갇혀 살 것인가?

Time 5
인생을 바꾸고 싶다면

사람이 하나의 습관을 가지기까지
최소 60일이 걸린다고 한다.
바꿔 말하면
하나의 습관을 버리기까지
최소 60일이 걸린다는 말과 같다.
그 습관이 좋은 거라면 무슨 문제가 되겠냐마는
안 좋은 습관이라면 바꾸기 위해서
무던한 노력이 필요하다.
항상 의식의 채찍질로 단도리를 쳐야
의도한 대로 고칠 수가 있다.

자신의 현재를 바꾸고 싶다면
제일 먼저 해야 할 게 습관을 점검하는 일이다.
습관은 태도를 동반한다.
태도가 바뀌면 삶도 바꿀 수 있다.

태도를 바꾸지 않으면?
그 답은 태도라는 말을
거꾸로 읽으면 보인다.
'도태.'

Time 6
___
의지를 갉아먹는 것

요새 탄핵 정국을 보면 분노로 시작하여 분노로 하루를 마감하는 일이 많아졌다. 상식이 외면당하고 조롱당하는 것이 평생 가지고 가까웠던 가치관마저 허물고 있는 것에 화가 난다. 그 꼴을 보고 있자니 힘없고 돈 없는 사람들이 죄인인가 싶다. 그러면서 알게 된 것이 있다.

분노가 의지를 갉아먹는다는 것을.
의지가 없어지면
살아도 살아가는 게 아니리라.
그래서 오늘도 다잡는다.
결국 정의는 정도를 향해 갈 거라는 것을.
다만
더디게 갈 뿐이라는 것을.

Time 7
때론 착각이 일용한 양식이기도 하다

사전적 의미로 착각은, 어떤 사물이나 사실을 실제와 다르게 자각하거나 생각하는 것이라고 한다. 사실이 아닌 것? 그건 거짓이거나 가짜란 이야기다. 하지만 움츠려 있는 어떤 누군가에겐 착각이라는 것이 발전의 촉진제가 되기도 한다.

나는 일찍이 남들과 다른 몸을 지니고 있었다. 어디에선가 언급했듯이 나는 손가락을 못 펴는 주먹손을 지녔었고, 서지도 못할 정도로 엉망인 나약한 다리를 가졌었다. 그랬던 내가 손가락을 펴서 기타 연주도 하게 되었고 열 손가락을 다 이용하여 자판도 두들긴다. 두 다리를 이용하여 자전거도 타고 달리기 시합을 하면 최소한 꼴찌는 하지 않았다.

뿐만이랴?

남들이 수영을 하니까 나도 했고 남들이 축구를 하니까 나도 했다. 남들이 노가다로 돈을 벌 때 나도 노가다 판에 뛰어 들어가 돈을 벌 때도 있었다. 남들처럼 사랑도 했었고 독재 타도를 외치며 민주화 운동에 미약한 힘이라도 보탰고, 달콤하고도 가슴 저린 연애도 했었고 실연의 아픔도 느껴봤으며 실연을 주기도 했었다.

돌이켜 생각해보면 이 모든 결과물은 나의 실체를 망각하게 만든 착각이라는 것이 한몫했음을 인정한다. 나는 나와 남들이 같다고 생각했다. 그러나 나는 애초부터 남들과 출발점이 다른 사람이었다. 그런데 이 글을 쓰는 내내 이런 생각이 줄당김을 한다. 내가 착각이라고 생각한 것이 진짜 착각인가?

모든 사람은 같을 수가 없다.

모든 사람은 다르다.
그저 더디고 빠른 것의 차이 아닐까?

걸음마를 늦게 떼는 아이가 있듯
나 또한 걸음마를 늦게 떼는 사람이었을 뿐.
나는 느린 것에 좌절을 하지 않았을 뿐.
이것 또한 착각에서 비롯된 깨우침일 게다.

094 / 095

Time 8
단점 투성인 사람이 매력적으로 보이는 이유

내 주위에

키도 작고

못생겼고

재력도 없는 사람이 있다.

일찍이 조실부모하였기에 부모복도 없고

좋은 집도 없으며

좋은 자동차도 없고

사회적 지위도 없지만

이성을 비롯한 사람들에게 인기가 있다.

왜일까?

이렇게 단점 투성인 사람.

그 사람에겐 가장 크게 없는 것이 한 가지 있다.

자격지심!

자격지심이 없는 사람은 멋짐 또한 가지고 있다.

그 사람에겐
언제나 '난 괜찮아' 하는 자신감이 있다.
반대로
아무리 잘생긴 사람이더라도
자격지심을 가지고 있으면 못나 보인다.

Time 9
___
거룩한 바보

언젠가 바보 이행시가 유행했던 적이 있다.
바-바라볼수록
보-보고 싶은 사람.
아마도 사랑스런 누군가가
사랑하는 사람을 향해 한 말일 게다.
사랑할수록 바보가 되는 것도 이쁜 일이다.

세속적인 의미의 바보는
같은 일에 두 번 속았을 때나 두 번 실수를 했을 때,
그를 두고 바보라고 한다.
그럴진대, 열 번이고 스무 번이고 속는 바보가 있다.

내 인생 속엔 수많은 바보들이
내 기억과 함께 공존한다.
그중에서 최고의 바보는 바로 이 사람들이다.

이 사람들은 부처이면서 예수였다.
하나밖에 없는 유일한 존재였다.
손에 닿을 수 없는 높게 있는 하늘 말고
언제라도 손에 닿는 옆에 있는 하늘이었다.
버스를 타야만 갈 수 있는 바다 말고
늘 한결같이 내 안에 있는 바다였다.
바가지요금에는 난리를 치지만
자식에겐 알면서 속아주는 바보였다.
본인들은 돈 한 푼 벌기 위해
남들 앞에서 굽실거리면서
제 자식들을 굽실거리게
만드는 사람에겐 맹수로 돌변하는 사람.
그 바보들을 난 이렇게 불렀다.
"아부지."
"어무이"라고.

Time 10
사랑이란 뭘까?

이 세상 모든 언어를 통틀어서 사랑만큼
그 의미나 정의가 많은 단어는 없을 거야.
사람의 생김새가 다르듯
느끼고 겪은 사랑 또한 다를 테니까.
누군가에게는
눈물의 씨앗도 사랑이고
사탕처럼 달콤한 것도 사랑이야.
그래서 사랑의 묘약이라는 말도 나온 것이겠지.
종합해보면
사랑은 삶의 생명이며 에너지인 것 같아.
고로 나는 오늘도 갈구해.
사랑이 나에게 오기를.

Time 11
공부란?

공부란,
말 그대로
아무것도 없는 빈 공간에
부를 채우기 위한 것이 공부다.
많이 채울수록 더 부유해진다.
은행에 넣어둔 돈을 남에게 주면 그만큼 비지만
공부는 나눠줘도 없어지지 않는다.
이만큼 수지맞는 장사도 없다.

어렸을 때 엄니는 품팔이 삯을 받아
자식들에게 맛난 과자보다는
열두 권짜리 백과사전을 사주셨다.
그 당시 어린 나는 엄니가 야속했다.
나에게 필요한 것은
머리를 살찌우는 독서가 아니라

배를 부르게 하는 보름달 빵이었기 때문이다.
야속함은 백과사전을
스스로 금지 도서로 만들었고.
단 한 번도 백과사전을 들춘 적이 없다.

입때껏 살아오면서 굵게 후회하는 몇 가지가 있는데
그중 하나가 백과사전을 안 읽고
유년 시절을 보냈다는 것이다.
그때 그 백과사전만 보았더라면
내 인생의 질이 조금은 더 좋아지지 않았을까?

공부란 이런 거다.
나에게 좋은 것을
더 해주기 위해 하는 것.

Time 12
나를 갉아먹는 것

극렬한 긴장감

바작바작 타는 조바심

마음을 채찍질하는 조급증

늪과 같이 조여 오는 자괴감

만사 부정적인 태도

괜한 불안

앙칼진 불만

짜증 나는 불평

입 쓴 원망

나의 기를 죽이는 자격지심

지나친 자기연민

쓰고 나니 하나같이 이쁜 말이 아니다.
읽는 것만으로도 왠지 모를 답답함이 나를 긁어 대는 듯하다.

마음에 귀를 기울여보면 나를 갉아먹는 소리는 그렇게 시작하더라.
이 중에서 가장 험악하고 무서운 것이 자괴감이다.
자괴감은 스스로를 괴멸시켜버리거든.

인간은 완벽하지 못하기 때문에
누구나 실수도 하고 수치스러운 일도 할 수 있어.
그럴 때마다 부끄러워지는 건 정상적인 사람이기 때문이야.
절대로 내가 못나서 그런 건 아니야.
자괴감은 신이 파놓은 함정 같은 거야.
여기에 빠지는 사람은 침몰하는 거고
여기에서 빠져나오는 사람은 신의 시험에서 통과한 거야.
통과한다면, 세상과 당당히 맞설 수 있고
내 삶을 당당하게 살 수 있는 자격과 힘이 생길 거야.

Time 13
위로가 되는 거짓말

질척거리며 엉겨 붙는 칠흑 어둠을 입고 엄마와 아기는 낯선 도시를 헤맨다. 낯선 도시의 밤은 생경스러움을 감추고 공포와 맞서게 한다.
"거의 다 왔어."
벌써 몇 번째 어머니는 같은 말만 하신다. 무섭게만 느껴졌던 낯선 도시의 밤이 들뜬 안도감으로 바뀐다. 그러나 십 분이 지나고 한 시간이 지났건만 사지가 뒤틀리는 병에 걸린 아기는 여전히 어머니의 등에 업혀있다. 따뜻했던 어머니 등이 땀으로 축축하다.
"저 길모퉁이만 돌면 돼."
하지만 길모퉁이를 돌았을 때 뒤틀린 아기의 사지를 풀어줄 한의원은 없었다. 시간이 흐를수록 아기의 정신은 점점 까무룩 지고 있다.
"다 왔어. 다 왔으니 아가야, 조금만 참자."
어머니의 그 말에 아기는 기분이 또 좋아졌다가 이내

눈이 스르르 감긴다.
길모퉁이를 돌았다. 어머니의 목적지는 이미 문 닫힌 지 오래다. 어머니의 목소리는 발걸음보다 다급해져 간다. 피명에 아랑곳하지 않고 쇠문을 두들긴다. 철문 두들기는 소리와 어머니의 간곡한 목소리에 아기는 까무룩 잠긴 눈을 힘겹게 뜬다.
"아가, 다 왔다. 다 왔어. 문 좀 열어주세요. 아기가 죽어가요."
어머니의 간절한 목소리에 자다가 깬 침쟁이 노인네가 철문을 열고 고개를 내민다. 아기는 생명을 건진다.
때론 아름다운 거짓말도 있고 살기 위한
또는 살리기 위한 눈물겨운 거짓말도 있다.
나는 오늘도 지친 나에게 거짓말을 한다.
그럼에도 불구하고 괜찮다고.
저 모퉁이만 돌면 평온함이 기다릴 것이라고.

Time 14
산다는 것

1
내가 제일 좋아하는 책은 산책이야.
산책은 살아 있는 책이라서 산책이야.
글이 꼭 책에만 있는 것이 아니야.
산책을 하다 보면 내가 원하지 않아도
많은 것들을 보게 돼.
사람도 만나게 되고
나무도 만나게 되고
꽃과 새들도 만나게 되지.
그것들 하나하나가 글을 품고 있고 이야기를 품고 있어.
어떤 책이든 펴봐.
그 안에 있는 것들 모두
우리가 평소에 만나고 있는 것들이잖아.

산다는 것과 산책이 무슨 상관이냐고?
자연에서 사는 책은 산책이고
서점에서 돈을 주고 산 책은 산 책이야.
어절의 차이만 있을 뿐 말과 사는 행위는 똑같지.
당신이 만약 마트에서 샴페인 한 병을 산다고 쳐.
당신은 분명 그걸 공짜로 얻진 않았을 거야.
인생도 마찬가지야.
공짜 인생은 없어.
그만한 대가를 치르고 사는 게 인생이야.

삶을 산다는 거,
끊임없이 우리는 무엇인가를 사면서
산 만큼 사는 것.
내 삶은 남들이 사주는 게 아니라
내가 사는 거야.
무언가 사는 행위를 멈추면
그건 죽는 거구.
이왕이면 나에게 좋은 걸 사줘.
그래야 내 삶도 복되게 돼.

2
십 년 전 어느 날 밤이었다.
산다는 게 뭔가?
라는 화두를 안고 밤새 고민을 했었다.

내가 찾은 이유는 단 한 가지더라.
나는 어떤 누군가를 위해서 사는 거구나.
그게 인류를 위해서건
특정 인물을 위해서건

반대로
어떤 누군가는 나를 위해서
살고 있다는 것도 알게 되었지.
그 누군가가 누구인지 찾는 건 각자의 몫이야.

없다고 생각해?

그건 아직 당신이 찾질 못해서일 거야.

반드시 있어.

우리는 부모의 몸에서 태어났지만

만약 당신이 애완동물이건 꽃이건

그 무언가를 부양하고 있다면

그게 당신이 이 세상에 살고 있는 이유이며 임무야.

재벌 때문에 당신이 먹고살고 있다면

재벌이 당신을 위해 존재하는 거고

당신 때문에 재벌이 먹고살고 있다면

당신은 재벌을 위해서 살고 있는 거야.

유대 사회에서는 거지에게 경의를 표했다고 해.

그를 통해서 베풂이라는 걸 행할 수 있기 때문이지.

나무가 이 세상에 존재하는
많은 이유 중 하나는 당신이 지금 읽고 있는 책을
만들어주기 위해서이기도 하듯.

살고 있다는 거.
내가 아직 세상에서 할 일이 있어서야.

Time 15
나이를 먹어간다는 것

1
나이를 먹으면
모든 기능이 느려지지만
시간은 빨라져.
그래서
그 시간을 쫓아가느라 숨이 점점 가빠지나 봐.

2
나이를 먹어간다는 것,
어떤 노랫말처럼
늙어가는 것이 아니라 익어가는 것일까?
그 말에 공감하면서도
왠지 부끄러워지는 이유는 뭘까?
부끄러워지는 것을 보면 나는 아직 익지 않아서일 거야.

익어간다는 말을 달리 표현하면
성숙해진다는 말일진대…
자문해보지만
몸만 어른이지
난 아직 미성숙한 거 같아.
이따금 철부지가 되거든.
철부지라?
생각이 여기 미치니
언제 그랬냐는 듯 기분이 좋아져.
어쩐지 젊어지는 것 같거든.

생각이 바뀌니 마음도 바뀌네.
가끔씩은 거꾸로 생각하고
살아보는 것도 나쁘지 않은 것 같아.
그래, 가끔씩은 쉰두 살이 아닌 스물다섯 살로 살자.

저술가인 라와나 블랙이 그러더라.
'나이가 성숙을 보장하지 않는다'고.
그 말에 난 이렇게 화답하고 싶어.
'나이를 먹어가는 건 좀 더
자기다워지는 것뿐이다'라고.

3

나이를 먹어가면서
스스로 가지치기하는 소나무처럼 버려야 하는데
버려야 하는 것보다
챙겨야 할 것들이 더 많아지는 것 같아.
종합 비타민제, 혈압약, 당뇨약, 인공눈물, 돋보기 등등
힘은 점점 빠져 가는데 가방은 더 무거워져 가.
이렇게 말하니 늙어간다는 것에 겁이 더럭 나지?
팔순 넘으신 우리 엄니를 보면서 느끼는 거야.

내일 비가 올 거를 미리 알려주면
비 피할 우산을 준비할 수 있듯
나보다 어린 사람들에게
더 살아본 사람이 미리 알려주는 거야.
몸 관리 잘하라고~!

이 말도 나보다 더 오래 사신
우리 엄니가 해준 말이기도 해.

나이가 먹어간다는 것,
인생을 다시금 사유하며
고답적인 곳으로 한 걸음씩 내딛는 것이 아닐까.
어느 오래된 소설가의 말처럼
늙어가되 낡아지지는 말자.

반백 년을 살다 보니
이제는 좋은 것만 보고 좋은 말만 하고 좋은 사람들과
살아가기에도 빠듯한 인생이 남았을 뿐이더라.
그러니 애먼 궂은일에 시간 낭비는 하지 말자고.

4
나이를 먹어갈수록
건망증이 심해져 가.
돌아서면 잊어먹고
방금 했던 일인데 기억이 안 나고.
흔히들 그래.
기억력 감퇴라고.

그런데 어쩌면 기억력 감퇴가 아니라
나이를 먹어갈수록 챙겨야 할 게 많아지니까
무게 중심을 맞추려고
건망증이 생겨난 건 아닐까?

Time 16
성인이 된다는 것

며칠 전에 핀 선인장꽃이
밤새 무슨 일이 있었는지 시들었다.
엊그제 옹알이하던 아이가
이제는 친구들과 재잘거리고
직장에서 제 밥벌이를 한다.
영하의 날씨에 목도리를 하고 거리에 나섰는데
어떤 젊은이는 계절의 경계를 넘나들며
반소매로 뛰어다닌다.
이 모든 풍경들을 담담하게 본다.

나도 어느새
어른이 되었다.

Time 17
정작 있어야 할 시험이 없다

시험이란, 나란 존재를 검증하기 위해 만들어진 사회적 장치이다. 성경에 '나를 시험에 들지 말게 해주옵시고'란 말이 있는데 바꿔 말하면 나를 검증하지 말라는 소리고, 있는 그대로의 나를 믿어달란 소리가 아닐까?

어쩌면 시험이란, 불신 풍조가 만들어낸 산물일지도 모른다. 그런데 정작 있어야 할 '인간 자격 시험'은 없다. 모든 자격 시험은 먼저 인성 자격 시험부터 치르게 하는 게 맞지 않을까? 인성 자격 시험에 통과한 사람이 판검사도 하고 정치인도 되고 교수가 되었다면 우리가 사는 이 세상이 조금 더 훈훈해지지는 않았을까?

Time 18
실도 있고 득도 있다

나에겐 두 부류의 사람이 있다.
내 겉모습을 보고 거리를 두는 사람
내 겉모습과 무관하게 나란 사람을 보고 다가오는 사람.

어렸을 땐 고장 난 몸뚱이 때문에 놀림도 많이 받았었다. 우스꽝스러운 외모를 가졌으면 사람들에게 즐거움이라도 줬을 텐데 유감스럽게도 사람들에게 비웃음이나 조롱을 유발시키는 외모를 가졌다.
초등학교 시절 철이 덜 든 아이들은 내 흉내를 내며 즐거워했다. 그때마다 난 죽어라 하고 반 아이들을 쫓아다녔지만, 고장 난 몸으로 터보엔진을 장착한 아이들을 잡기란 역부족이었다. 그러나 가끔씩은 세상이 참 공평하다고 느낄 때도 왔다.
반 아이들이 단체 기합이라도 받는 날에는 난 고장 난 육체 때문에 체벌에서 간혹 제외되었다.

핸디캡 덕을 본 것이다.

세상사라는 게 그렇더라.
나에게만 모진 게 아니더라.
외모가 출중하건 그렇지 못하건
다 득이 있고 실도 있더라.
외모가 중요하지 않다는 소리는 아니다.
더 중요한 것은 자기관리 능력과 마음가짐이며
시간의 분배와 쓰임이다.
나는 바꾸지 못할 외모 때문에 상당히 오랜 시간을 자괴감에 갇혀 살았었다.
어차피 바꾸지 못할 거에 그 아까운 시간을 허비한 것이다. 그 시간에 공부라도 했으면 지금의 삶보다 조금 더 나아졌을 것이다.

Time 19
나 아닌 다른 거에 지배당하지 않기

얼마 전에 선배 한 분이 술로 인해 돌아가셨다. 평소 술을 좋아한 분이고 그 술로 돌아가셨으니 호상인가? 고인의 입장에선 그럴 수도 있겠다 싶다.

만약 내가 좋아하는 그 무엇을 하다가 그것 때문에 죽는다면 더 못하게 되는 아쉬움은 남겠지만 나쁘지는 않을 것 같다. 그러나 그것이 내 몸을 병들게 하고 내장을 썩게 하는 일이라면? 그것 때문에 고통을 겪다가 죽고 싶진 않다.

술로 죽은 사람들은 마지막까지 고통을 한참 겪다가 죽는다. 이런 극단적인 경우를 배제한다면 인간 세상에서 술이라는 건 현대인들에게 가장 가까운 곳에서 위로도 해줄 수 있고, 스트레스를 풀게 해주는 친구 같은 것이기도 하다. 열 명의 친구보다 한 병의 소주가 나을 때도 있다. 하지만 이 술에 점점 의지를 하게 되면 끝내는 피를 토하는 파멸이 온다.

나는 나로 살고 싶다.
나 아닌 다른 것에
내 이성을 지배당하고 싶지는 않다.

Time 20
이십 대에게 하는 꼰대 짓

내 인생에서 가장 돌아가고 싶은 나이가 이십 대이다.
시골 촌뜨기가 수도권으로 대학을 가고 감히 올려다보지도 못한 서울 놈들과 친구를 먹었다.
가장 꽃피는 나이 이십 대.
백 개의 눈을 가지고 있어 선택의 폭이 그만큼 많았던 시기. 실패를 해도 남은 날들이 많기에 금방 일어날 수 있고, 가슴 아픈 사랑도 한때 걸린 감기처럼 보내고 또다시 사랑을 할 수 있는 나이. 그 나이에 왜 시련이 없고 아픔이 없겠냐마는 그것들이 훗날 나를 더 단단히 해주는 트레이닝이였기에 아파도 아름답다.

젊어서 고생은 사서도 한다는 말이 있다.
많은 경험이 나의 발전을 준다는 말임을 알겠지만,
일부러 몸 고생까지 할 필요는 없다.
늙어서 고생한다.

주어진 일에 성실하고 정직함을 키워라.
성실하면 인정받고 그 인정은 나의 자존감을 높여준다.
솔직한 사람은 많아도 정직한 사람은 많지 않다.
솔직한 것은 있는 그대로 말을 하는 것이고
정직한 것은 자기 마음과 생각과 행동을
정확하게 파악하고 있다는 것을 의미한다.
자기 이해 능력이 높아지면 성공한다.

이십 대를 거쳐 살아온 선배로서 해줄 말은 많지만 동시대를 걸어온 사람이 아니기에
꼰대 짓은 이쯤에서 멈춘다.

III

Person

사람이 그대를 속일지라도

Person 1
인간관계의 거리

사회적 거리와 보편적인 관계의 거리는
모닥불처럼 대하는 게 좋다.
너무 멀면 춥고 너무 가까우면 데이니까.
친구와의 거리는 계산적이지 않은 거리가 좋고
가족과의 거리는
추우면 데워주고 더우면 시원하게 해주는
거리가 좋으며 온도계가 필요하다.
그 온도계의 이름은 용서와 사랑이다.
애인과의 거리는 무엇을 주어도
후회스럽지 않은 거리가 좋다.
나를 싫어하는 사람과의 거리는?
그거까지 신경 쓰기에는
내 감정과 시간이 너무 아깝지 않을까?
열 사람이 나를 다 좋아할 순 없다.

굳이 내가
거리를 만들지 않아도
알아서 그쪽에서
거리를 만든다.

Person 2

사람은 한 권의 책이다

인간관계는 책과 매우 흡사하다.
한 번 읽고 마는 책이 있는 반면,
추천해주고 싶은 책도 있다.
자주 읽고 싶은 책이 있는 반면,
몇 장 넘기다 던져버린 책도 있다.
위로받고 싶을 때 꺼내 보는 책이 있는 반면,
분리수거함으로 보낸 책도 있다.
연필로 밑줄 긋고
당구장 표시로 표기한 책도 있지만
미용실에 있는 시간 때우기용 잡지 책도 있다.
나는 사람들에게 어떤 책일까?
적어도 몇 사람한테는
이사 갈 때 챙겨가고 싶은 책이고 싶다.

138 / 139

Person 3
가장 큰 슬픔

이 나이가 되는 동안 참 많은 슬픔과 아픔을 겪었고
앞으로도 예측 가능한 슬픔들이 남아있다.
그런데
사는 동안
제발
겪고 싶지 않은 슬픈 일이 있다.
자식의 죽음.

이별과 어느 정도 익숙해지고 준비된 나이가 되었지만
자식의 죽음에는 버티질 못할 거 같다.
그래서 또 하나의 간절한 바람이 하나 생겼다.
자식보다 더 빨리 죽게 해달라는.

자식의 죽음에 버금가는 슬픔이 있다면
그건 사랑하는 이의 죽음일 것이다.
그러고 보면 인간에게 가장 큰 슬픔은
사랑을 더 이상 할 수 없게 만드는
죽음일 수밖에 없을 것 같다.
그러하니
지금 할 수 있는 건, 원 없이 사랑하고!
지금! 이 순간! 살아있음에 감사하는 일이다.

Person 4

자식이란

반백 년 살아온 길을 돌아본다.
잘한 일은 명확히 기억나질 않는다.
반면 미안한 일들은 어제 일처럼
왜 이리도 선명하게 기억나는지….
시기를 놓쳐 용서를 못 구한 일도 있고
용서를 구했지만 내가 날 용서하지 못한 일도 있다.
하지만 아직까지 살아야 할 날이 남았기에
사는 동안 내가 날 용서할 날도 있으리라 믿는다.
그럼에도 불구하고 눈을 감는 그 순간까지
미안함에서 벗어나지 못할 존재들이 있다.

많은 것을 해주어도 늘 미안한 존재.
자신이 아픈 거보다 더 아파서
할 수 있으면 대신 아프고 싶은 존재.

잘못했어도
다 내 탓인 것만 같아서
결국 지고 마는 존재.

부모님이 돌아가시면
그 젯밥은 눈물로 짓지만
그 존재가 세상에서 사라지면
그 젯밥을 피눈물로 지어야만 하는 존재.

그 존재의 이름은
'자식.'

오늘도 난 기도한다.
자식들이 무탈하기를.

Person 5

결혼은 어떤 사람과 해야 할까?

어떤 심리학자가 결혼은 제2의 탄생이라고 했다. 난 그 말에 전적으로 동의한다. 정신분석에서도 결혼할 상대에 따라 다시 태어나느냐 퇴행하느냐가 결정된다고 한다. 그만큼 인생에 있어 결혼이라는 것이 중요하다. 엄밀히 보면 결혼 그 자체도 중요하지만 어떤 사람을 만나느냐가 중요 포인트인 것이다. 그래서 날 이해해주고 온전히 내 편이 되어줄 사람을 만난다는 것은 인생에서 크나큰 행운이다.

결혼은 이런 사람과 해야 한다.

첫째, 니체가 말했듯 '내가 늙어서도 이 사람과 대화를 오래도록 즐길 수 있을까?'라고 자문해보았을 때 그럴 수 있는 사람이다. 결혼이라는 것은 오랜 기간 그 사람과 함께해야 할 이야기이다. 일상적인 대화는 누구나가 할 수 있다. 다양한 주제로 대화를 할 수 있다면 날마다 새롭지 않을까? 인간관계에서 가장 중요한 것은 '소통'이다. 불통된 관계는 불똥이 언제 튈지도 모른다.

둘째, '내가 저 사람의 결점을 평생 끌어안고 살 수 있을까?'라고 자문해보았을 때 끌어안고 살 수 있는 사람이다. 사람을 선택할 때는 그 사람의 단점을 다 보았을 때 하는 것이고, 이별을 할 때는 그 사람의 장점을 다 보았을 때 하라는 말이 있다. 어떤 사람이 좋아지는 건 그 사람에게 내가 끌림을 당하는 것이지만 그 사람의 결점은 내가 끌어안는 것이다. 끌어안을 자신이 없다면 보내주는 게 좋다. 그게 그 사람을 위한 배려이다.

셋째, 인생의 가치관과 소중함이 닮은 사람이다. 그런 사람과 결혼하면 평생 행복하게 산다.

사람은 성장 배경과 살아온 경험, 취향이 다를 수 있다.
그럼에도 불구하고 삶에서 지향하는 목표나 가치관이
비슷하면 오래도록 행복하게 살 수 있다.

히말라야 쪽에 사는 어느 민족들은 부부 사이가 원숙해지면 서로를 친구라고 부른다고 한다.
그러고 보면 결혼 상대와 친구 상대는 일맥상통하는 맥이 있다.

Person 6

불쌍한 사람들

이 세상엔 불쌍한 사람이 참 많다.
남을 이용하는 사람
약자 위에 군림하는 사람
자기밖에 모르는 사람 등등.
너무 많다.
그중에서 가장 불쌍한 사람은
비열한 사람이다.

남을 이용하는 사람은 자기가 원하는 무엇이 없어서 이용해서라도 살아야 하니 불쌍하고, 약자 위에 군림하는 사람은 강자에겐 꼼짝도 못하니 불쌍하고, 자기밖에 모르는 사람은 무식해서 불쌍하지만 비열한 사람은 위의 것을 다 가졌음에도 비겁함마저 가졌으니 단연 가장 불쌍한 사람이 아니던가. 그렇기에 다른 사람들은 용서로써 구제받아도 비열한 사람은 구제받을 수가 없다.

Person 7
위험한 사람

1
저 사람이 위험한 사람인가 아닌가를 보려면,
자기 성찰적 언어를
어느 정도 쓰고 있는지를 보면 알 수 있다.
대화 중에 자기반성과 자아 성찰이 없는 사람은
위험한 사람이다.
자기반성과 자아 성찰이 없는 사람은
이미 성장이 멈춘 사람이며
사적 감정으로 대의를 그르칠 사람이다.

2

사람 사는 세상에선 사람이 약이 될 수 있고 독이 될 수 있다. 독이 될 수 있기에 만들어진 게 종교와 도덕과 법이다. 종교와 도덕은 성스러운 것이다.

그러나 법은 다르다. 법이라는 것은 때로는 의로운 것이 되지만 썩은 권력자의 손에 들어가면 무서운 무기가 된다. 이것이 무서운 무기가 되면 도덕의 근원이 되는 양심이 변질된다. 이런 사람이 국가 원수가 되면 그 나라는 망하게 된다.

양심이 부패하게 된다는 것은 인간 세상에서 가장 끔찍한 재앙이 되는 것이다. 양심의 씨앗은 측은지심이다. 어떤 사람이 손을 베이면 그 아픔을 나도 알기에 아픈 것이다.

그러나 양심이 부패하게 되면 그 아픔을 모른다. 즉 사이코패스나 소시오패스가 되는 것이다. 이들은 민간인의 죽음을 보고 애도하는 게 아니라 관찰을 한다. 죽음을 관찰하는 자. 이런 사람이 가장 위험한 사람이다.

타인의 고통을 관찰하고 계산하는 사람은 위험한 사람이다. 도덕적 뿌리가 되는 측은지심과 아픔이 없기 때문이다.

Person 8

보이는 것만이 다가 아니다

사람은 아는 것만큼 보이고
보이는 것만큼 믿는다.
그러나
보이는 것만이 다가 아니다.
음식은 맛을 봐야 알고
사람은 겪어봐야 알고 인생은 살아봐야 안다.

그제야 알게 되리라.
내가 알고 있는 선입견이라는 것이
얼마나 위험한 것인지를.

Person 9

넘어져도 괜찮다

어떤 아이가 넘어졌다.
무릎이 깨진 아이는 일어날 줄 모르고
땅바닥에 널브러져 앉아 울고 있었다.
옆에 가만히 지켜보고만 있던 엄마가 말했다.

넘어지는 건 괜찮아.
넘어졌다가 다시 일어날 줄 아는 게 중요해.
너는 이제 넘어졌고
이젠 일어나는 방법만 알면 돼.
그건 너의 의지에 달렸어.

Person 10

잃음에 대한 대처

전부를 잃은 사람은
젊음과 늙음에 관계없이 세상이 무너진다.
그럴 때 스스로 원망할 대상을 만들어
미워하고 분노하곤 한다.
왜냐하면
상황이 바뀌지 않음을 알기에….
그렇게라도 살고 싶고 살 수 있으니까 그러는 것이다.

158 / 159

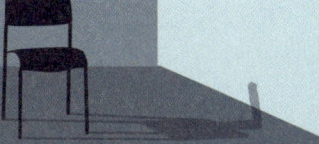

Person 11

말이라는 건 그 사람의 인격이다

1

나는 말을 잘하는 사람보다 말을 예쁘게 하는 사람이 좋다. 말을 잘할 수 있는 방법은 책을 통해서건 교육을 통해서건 배우면 되지만 말을 예쁘게 하는 것은 그 사람의 정서를 반영하고 있기 때문이다.

말씨는 사람에게 영향을 많이 받는다. 어렸을 땐 부모에게 받고 학교에 들어가면서부터는 집에서 보내는 시간보다 외부에서 보내는 시간이 많아지므로 친구들에게 영향을 많이 받는다. 부모의 영향이 밑그림이라면 친구의 영향은 여백을 채우는 채색이다.
사람의 정서는 그림과 닮아있다. 온화한 사람을 보면 온화한 그림을 보는 듯하고, 차원이 다른 사람을 보면 전위적인 그림을 보는 듯하고, 거친 사람을 보면 거칠게 붓질한 그림을 보는 듯하다.

그림의 완성도는 밑그림보다 채색에 있다. 그렇듯 사람의 정서도 성장 과정에서 덧칠되고 채득되는 것이다. 그 채색의 시작은 그 사람이 쓰는 '말'부터 시작된다. 즉 환경이 좋고 나쁨을 가늠하는 첫 번째 기준이 말인 것이다. 아이가 말을 예쁘게 하면 대부분 부모가 말을 이쁘게 하는 사람들이고 그런 가정의 환경은 화목하다. 반면 말을 거칠게 하는 아이의 집은 대체로 불협화음과 함께 살고 있다.

말은 곧 그 사람의 인격이고 결을 이루는 중추이다. 격과 결이 좋은 사람은 말씨 또한 곱다. 말이 거친 사람은 정서 또한 거칠어서 사람들에게 존중받지 못한다. 내가 상대에게 존중을 받고 싶다면 내가 쓰는 말투부터 바꾸면 되지 않을까?

참으로 묘한 게 말투를 바꾸면 태도가 바뀌면서 내 정

서도 변화한다는 것이다. 달리 말하면, 내 그림의 채색은 말투를 바꿈으로써 바꿀 수 있는 것이다.
내가 바뀌면 주변도 바뀐다.

2

'말로 지는 원한은 백 년이 가고 글로 지는 원한은 천 년이 간다'는 잠언이 있다. 이 말은 말보다는 글이 더 무섭다는 의미를 두고 있다. 그러나 인간은 기껏 백 년도 살지 말지 한 존재들이기에 현실적으론 말의 중요성이 더 크게 다가온다.
말의 중요성이야 말해 무엇하리오. 말 한마디에 천 냥 빚도 갚을 만큼 검증된 건데. 그걸 알면서 정작 우리가 쓰는 평소 말을 보면 극단적인 말들을 아무렇지 않게 너무 자주 쓴다.

미치겠네.
돌아버리겠네.
죽겠네.
큰일 났네 등등.
의외로 많은 사람들은 저 말들을 헤아릴 수 없을 만큼 많이 쓰고 있다. 저 말을 자주 사용하는 사람들의 면면을 보면 대체로 나약한 사람들이다. 저 말들의 빈도에 따라 나약의 정도도 정해진다. 많이 하는 사람은 많이 나약한 것이고 적게 하는 사람은 그보다 조금 덜 나약한 사람들이었으며 저 말들의 빈도가 낮아질수록 강한 사람들이었다.

말이 씨가 된다는 말이 있다.
이 말이 섬뜩하게 다가오는 건 비단 나만인가?
말 단속을 하며 살아야겠다.

Person 12
———
왜 태어났지?

누구나 한 번쯤은 고민해봄직한 의문.
왜 태어났을까?
세상에 나온 존재적 의미는 뭘까?
이 화두는 그리 오래가지 않았다.
늦은 밤 어느 날,
외출해서 돌아온 나는
자고 있는 아이들을 물끄러미 보았다.
피로가 풀렸다.
그래,
너희들이 날 위해 태어났구나.
나는 누굴 위해 태어났을까?
난 널 위해 태어난 것이다.
멀리에서 찾지 마라.
바로 옆에 그 누군가와 같이 있다면
내 옆에 그 무엇이 있다면

내가 지금 무엇을 하고 있다면
난 그것을 위해 태어난 거고
그것은 나 때문에 존재하고 있다.
이렇게 동기를 만들고
의미 부여를 하면서 사는 게 인생이다.
세상은 이렇게 하나의 카테고리로 연결되어 있다.

Person 13
친구 1

어쩌면 우리는 단어에 묶여 진짜 의미를 모르고 사는 사람들일지도 몰라.
친구라는 것도 그중 하나지.
나이가 같으면 친구라 하고
몇 마디 대화를 나눈 것이 다인데,
같은 학교 동창이라는 이유 때문에 친구라 부르지.

진짜 친구란 어떤 존재일까?

친구라 부르는 많은 사람 중에 진정으로 그 친구가 잘되길 바란다면 그 사람이 내가 친구라 말할 수 있는 친구야. 같이 있을 때 무슨 말을 해야 할지 고민하지 않아도 될 사람이 친구야. 어떤 친구를 만났을 때 가만히 있는데도 나에게 이로운 일이 생긴다면 그 사람은 친구이자 귀인이야. 살다가 내가 오갈 데 없을 때 기꺼이 날

받아주는 사람이 친구야. 때론 가족에게 털어놓지 못할 얘기가 있을 때 내 이야기를 밤새 들어줄 수 있는 사람이 내 친구야. 조의금이 없어 곤란해 있을 때 내 이름으로 대신 내어주는 사람이 친구야. 식사 때가 되었을 때 전화를 해서 '밥 먹자'고 하는 사람이 내 친구야. 나에게 기쁜 일이 있을 때 같이 기뻐해주는 사람이 친구야. 슬픈 일은 누구나 슬퍼해줄 수가 있지만 기쁜 일에는 시기심이 껴서 같은 맘이 되기 어렵거든.
친구란 제2의 우리 집이며 부모야.

어떤 이의 말처럼
내게 누군가 다가온다는 것은
또 하나의 세계가 오는 것과 같아.
이왕이면 나에게도 너에게도
좋은 세계가 왔으면 좋겠어.

Person 14
친구 2

위대한 사람은 친구를 교화시키고
현명한 사람은 친구를 교체시키며
지혜로운 사람은 친구를 삶의 교훈처럼 생각한다.
진실한 사람은 친구를 교교하게 만들고
평범한 사람은 친구를 교우쯤으로 생각하고

교활한 사람은 친구를 다른 것과 교환한다.
약은 사람은 친구를 교만하게 만들고
사악한 사람은 친구를 악의 구렁텅이로 밀어 넣고
교착 상태로 빠뜨려 버린다.

Person 15
인연을 대하는 태도

밀어낸다고 떠밀려 가는 것도 인연이 아니고
붙잡는다고 붙잡아지는 것도 인연이 아니다.
흐르는 물처럼
악연은 악연대로 놔둬야 하고
인연은 인연대로 놔둬야 한다.
나에게 오는 모든 만남은 숙명이다.
때가 되면 오고
때가 되면 가는 것이
우리에게 오는 인연이다.

이걸 아는 나는 왜
오늘도 떠난 이의 문 앞에서 서성이는가?
가버린 인연에 아직도 목마른가 보다.
모든 인연에는 유통기한이 있다.
아직도 유통기한이 안 지났나 보다.
시간이 지나면 자연히 옅어지는 것을….
그렇기에 나는 오늘도
유통기한이 지나지 않았음에 희망을 건다.
희미해지기까지를 기다리면서.

Person 16
헤어짐에 대한 예의

인생은 어쩌면 만나고 헤어지는
연속의 나날들로 이루어져 있는지도 모른다.
어제를 보내고 오늘을 만나고 보내면
내일이 오듯 인생은 그런 연속성을 지녔다.
사람과의 관계도 그렇고
연인과의 인연도 다 되면 그렇다.
사람 사는 세상에선 사람이 답이고
사람이 문제이기도 하다.
만날 때도 잘 만나야 하지만
헤어질 때도 잘 헤어져야 한다고 생각한다.
만날 때도 좋은 이유가 있듯
헤어질 때도 명확한 이유가 있을 것이다.
헤어진 사람에게 가장 잔인한 것은
헤어지는 이유에 대해
함구하고 떠나는 것이 아닐까 한다.

좋아서 떠나는 경우는 없다.
무언가 사정이 있어서 떠나는 건데
그 이유를 말하지 않으면
남겨진 자는 자기 자신한테서
그 이유를 찾으려 할지 모른다.

모든 게 다 좋을 순 없다.
모든 게 다 싫은 것일 수도 없다.
추악한 행실 때문에 떠난 게 아니라면
그 사람을 왜 떠나야만 했는지 말해주는 것도
그 사람을 위한 배려이고 헤어짐에 대한 예의이다.

Person 17
나의 인격을 갉아먹는 것

전 세계에서 욕이 가장 많은 나라는 우리나라일 것이며 우리나라 사람들이 욕을 가장 잘할 것이고 가장 많이 할 것이다. 욕 종류에 대해 쓴 한 권 분량의 책도 있을 만큼 별의별 욕이 다 있다. 욕을 육두문자라고 하는데 육두문자의 기원은 무식한 사람이 유식하게 보이려고 쓴 문자에서 유래되었다고 한다. 그런 맥락에서 보자면 욕은 무식함의 소산인 것이라 볼 수 있다. 그렇기에 욕의 원천은 무식한 사람들의 전유물이었던 것이다.

욕은 자신을 깎아내리는 데도 한몫한다. 제아무리 절세가인이라 할지라도 쌍욕 하나에 천박한 여자로 평가절하된다. 욕쟁이 할머니는 좋아해도 욕쟁이 배우자를 좋아하는 사람은 없을 것이다.

몇 해 전에 당구장에 환갑을 넘긴 초등학교 동창분들이 게임을 하러 온 적이 있었다. 나이 먹어서도 친구들과 어우러진 모습이 좋아 보였다. 그러나 그도 잠깐, 그때 그 시절로 돌아가 동심이 되는 모습들은 좋아 보였지만 며느리, 사위, 손주까지 보신 분들이 서로에게 쌍욕을 하면서까지 하는 격을 허문 대화는 추해 보였다. 욕이라는 게 때로는 속을 푸는 스트레스 해소용이기도 하고 서로의 벽을 허무는 친근감의 표현이기도 하지만 너무 과하면 추하게 만드는 역할도 한다.

말은 곧 인격이고 품격이다. 한자 품격(品格)에서 품(品)자에 입 구가 세 개인 건, 말이 모여서 그 사람의 격이 달라진다는 것임을 의미하는 것이다. 또한 나를 대변하는 역할을 하는 것 중 하나가 말이다. 정당을 대변하는 사람이 저급하면 그 당 또한 저급한 취급을 받듯 내 친구가 말을 거칠게 하면 나 역시도 상스러운 사람이 된다.
그를 알려면 그 친구를 보면 안다는 말이 있다. 말과 행실과 가치관을 종합하여 판단해야겠지만, 말 속에 그 사람의 살아온 궤적과 품성을 가늠해볼 수 있기 때문에 말이 중요하다. 내가 말을 지저분하게 하면 의도치 않게 내 친구, 내 가족들까지도 지저분하게 만드는 것이다.

우리나라에는 '3대 조심'이 있다.
개조심
차조심
불조심
이것들은 조심하면서 정작 인간생활에 가장 중요한 말조심은 왜 못하면서 사는 걸까?

오늘도 개**나 소**를 내뱉는 당신 때문에
당신이 사랑하는 사람들이 원치 않는 가축이 되었다.

Person 18

사회적 직업보다 중요한 것

1

직업이나 직장을 보면 그 사람이 어떤 삶을 살아왔는지 예측할 수 있다. 직업의 이력은 자기가 살아온 날에 대한 대변인 것이다. 대기업이나 전문 직종을 가지고 있다면 그 사람은 거기까지 도달하는 데 성실성을 바탕으로 많은 노력을 했다는 것을 암시한다. 한 분야에 전문가가 되거나 대기업에 들어가기란 결코 쉬운 게 아니기 때문이다. 그들은 자부심을 품을 만하다. 때론 자부심 과잉으로 거만하게 보여도 인정해줄 건 인정해주는 것도 성인으로서 할 자세이다.

그다음에 인성에 대해 질타를 하자.

개중에 직장은 좋은데 인성이 싸구려인 사람이 있다면 질타받아 마땅한 사람이다. 자기가 살아온 날들을 싸구려로 만드는데 질타해야지 옹호는 할 수 없잖은가?

자리는 노력으로 얻을 수도 있다.
하지만 그 자리를 지키는 건 인품이다.
결국 인품의 결이 거칠고 격이 낮으면
십 년 공든 탑이 쉽게 무너질 것이다.

2

직업이 무엇이냐에 따라 보이지 않는 사회계급이 매겨진다. 인도에만 카스트 제도가 있는 것이 아니다. 사회적으로 제도화하지 않은 것뿐이지 우리가 살고 있는 이 사회에서는 이미 오래전부터 만연했다. 다만, 시대가 변천하면서 신분의 위치와 인식의 차이가 바뀌었을 뿐이다.

직설적으로 표현하면 사람들 의식 속에 돈에는 계급이 없지만 직업에는 계급이 있단 소리다. 그런데 이런 체계를 심층적으로 들여다보면 아이러니하지만 계급이란 것을 인간이 만들었을 뿐 우주 체계에서는 모두 다 동급이다. 그것을 '모순의 통일'이라고 부른다.

사장이 있다는 건 직원이 있기 때문이듯 직원이 있으니 사장도 있다. 여기에 무슨 계급이 필요한가? 입장을 거꾸로 보면 톱니바퀴처럼 맞물려 돌아가는 게 우주의 섭리가 아니던가. 그러니 '네가 높니? 내가 높니?' 싸울 필요가 없는 것이다. 손님 입장으로 식당에 가면 내가 갑이 되지만, 오늘 그 식당 직원들이 내 가게에 오면 그들이 갑이 되는 것이다.

인간은 영원히 '갑'일 수 없고 영원히 '을'일 수가 없다. 그래서 갑질하는 사람은 부족함을 인정하는 사람이며 자신의 가치가 서푼도 안 되는 꼴값임을 공개하는 것이다. 반대로 사회적인 편견으로 보는 아랫사람에게 고개를 숙일 줄 아는 사람은 반드시 존경이 따라온다. 존중은 곧 인간의 자존감을 높여주는 비료이기 때문이다.

Person 19
인생의 과업

호랑이는 죽어서 가죽을 남기고 사람은 죽어서 이름을 남긴다고 한다. 입때껏 살아오면서 동물원 호랑이는 봤지만, 가죽은 본 적이 없다. 그 많던 호랑이가 죽었는데 가죽은 대체 어딜 가야 볼 수 있을까? 돈 많은 부호 집이나 가야 볼 수 있을지 싶다.
사람 역시 이름을 남긴 위인은 많다. 그러나 그 사람들을 실제로 본 적은 없다. 호랑이가 죽어야 가죽을 남기듯 사람도 이름만 남기고 죽었기에.

어쨌거나 호랑이는 그 희귀한 가죽을 남겨 인류 부호들에게 공헌을 했고, 인류를 위해 공헌한 사람들은 이름을 남겼다. 하지만 하루 벌어 하루 먹기 바쁜 나는 대의적인 꿈을 꿀 수가 없다. 무엇보다, 특출한 사람도 아니고 큰일을 도모할 깜냥도 안 된다. 그렇다고 숨만 쉬고 살기엔 자존심이 상하다. 그래서 언젠가부터 이런 결심을 하게 되었다. 이름값만 하고 살자고.

엄밀히 보면 우리에게 인생이 주어지면서 과업도 주어졌었다. 이름을 가지게 된 그 순간 이미 인생의 과업은 시작된 것이다. 이 세상에 우스꽝스러운 이름은 있어도 그 의미마저 우스꽝스러운 이름은 없다.
하지만 이름값을 못 하면서 사는 사람들은 너무 많다. 직무 유기다. 직무 유기라는 말에 갑자기 가슴이 뜨끔거린다. 이름값이라도 하면서 살아야겠다. 지금서부터라도….

Person 20
___
위대한 기적

지금은
두 손을 맞잡고 걸어가는 연인들만 봐도
행복해져.
예전엔 참 부러웠는데.

그 둘은
연인이라 쓰고
서로는 애인으로 읽어.
애인이 있는 사람들은 이뻐져.
사랑하면
비싼 돈 들여 성형할 필요를 없게 만들어주지.

때론 서로에게 안식처도 되어주지.
힘든 일이 있을 때 떠올리기만 해도 힘이 되는 사람.

그랬던 사람이
힘든 존재로 떠오르면
연인관계는 끝난 거야.
마음에선 점점 밀어내고 있을 거야.
더 멀어지기 전에 보내줘.
그 사람의 시간이 덜 아깝게.

당신이 진짜 사랑하는 존재는
기쁜 일이 있거나 슬픈 일이 있을 때 가장 먼저 떠올라.
떠올리면 기분도 좋아지고 위로가 되어주는 사람.
그런 사람이 당신 옆에 있고
그 사람 또한 당신을 좋아하고 있다면
누가 말했듯, 그건 기적이고
세상에서 가장 큰 축복이야.

Person 21

이별은 헤어짐이 아니라 다시 시작하는 관문이다

1
이혼.
이별.
뭐가 다른 거지?
이혼도 헤어짐이고 이별도 헤어짐이다.
그런데 사람들은 이 둘을 별개라고 생각한다.
그건 아마도 선입견 때문일 게다.
이혼은 법률 용어이고 이별은 감성적 용어이다.
법률 용어가 주는 현실적 무게감은
이별에 비해 무거우며 온기 없는 냉기로 다가선다.

이혼한 사람은 실패자로 여기고
이별한 사람은 실연자로 여긴다.
이혼한 사람에게 주는 시선은 싸늘하고
이별한 사람에게 주는 시선은 온정적이다.

이혼한 사람들에게 보내는 사회적 시선은 어떠한가?
이혼남들에겐 부정적이며
이혼녀들에겐 만만한 대상으로 대면한다.
선입견이라는 게 이토록 무섭다.
사람을 죽일 수도 있는 게 선입견이다.
그러나 선입견 대상의 정체를 알고 나면
이렇게 어리석은 짓이 없다는 걸 알게 된다.
화려하게 입었다고 해서 그 사람의 속도 화려할까?
소박하게 입었다고 해서 그 사람의 실상도 소박할까?
겉을 보고 단정 짓는 것은 위험하다.
이혼도 헤어짐이요, 이별도 헤어짐이다.
인생을 살다 보면
우리는 수많은 사람과 헤어지고 그만큼이나 만난다.
너도 그렇고
나도 그렇다.

2

이혼이나 이별이나 인연이 다한 사람들의 헤어짐이다. 사과나무의 사과가 언젠가는 떨어질 날이 오듯 모든 인연에는 저마다 주어진 헤어짐의 시간이 있다. 서로에게 주어진 시간이 다 되어서 헤어진 것이다.

나는 이혼을 한 지 거의 20년이 다 되어간다. 헤어지고 나서 알게 된 것은 떠난 사람들이 인생의 스승이었다는 것이다. 잘못된 만남으로 헤어지게 되었다면 앞으로 신중하게 될 것이고, 내가 모자란 것이 있어 헤어졌다면 그 부분을 보완하게 될 것이다. 그것을 알려준 사람이 헤어진 사람이다. 그 사람은 앞으로 나에게 남은 인연이 있다면, 가르침을 통해 더 좋은 인연을 만나게 해주기 위해 문을 열어준 사람이기도 하다.

Person 22
사람을 지배하는 것은?

사람을 지배하는 건 감정이고
감정을 제어하는 건 이성이다.
사람에게 감정이라는 게 없으면
식물이나 마찬가지일 것이다.

감정 중에서도 가장 지독하고 악랄한 감정이 있다.
자괴감!
자괴감은 자존감을 압살시켜 우울증에 빠뜨린 다음
자신이 자기를 죽이게 한다.
자신을 괴롭혀서 얻게 되는 게 무엇일까?
부끄러우니 사람이다.
실수를 하니 사람이다.
완전하지 못하니 사람이다.
부족한 게 있으니 사람이다.
그걸 채우기 위해 사는 게 인생이다.

그렇지 않은 사람이 있다면
그는 사람이 아니고 신이다.

오늘도 난 오늘을 잘 살지 못한 나에게
오늘을 위해 말한다.
"너라서 괜찮아"라고.

Person 23
소울메이트

운명의 반쪽 소울메이트.
커피숍에서 친구를 기다리면서 냅킨에 써본 글씨.
'소울메이트.'

진짜 소울메이트란 있는 걸까?
결론부터 말하자면 '소울메이트는 있다.'
심리학자 바톤 골드스미스 박사가 말하길, 자기 마음과 딱 맞는 사람은 수십억 인구 중에 10~20명 정도밖에 안 된다고 한다. 전 세계 인구가 거의 80억 정도 되니 백분율로 나누면 0.000002% 되려나? 수치가 말해주듯 소울메이트를 만나기란 그리 쉽지는 않다. 그렇기에 사주 궁합에서 70%만 맞아도 천생연분 좋은 인연이라고 하는 것일 게다.
그런데 소울메이트를 너무 어렵게 생각하는 것은 아닐까? 소울메이트란 기대치를 너무 높게 잡고 있는 것은 아닐까?

지음(知音)이란 말이 있다. '내 소리를 알아 듣는다'라는 의미다. 세상을 살면서 내 말을 알아주고 내 말에 귀 기울여주는 사람이 있다면 그게 소울메이트 아닐까? 내 말을 알아준다는 말은 날 이해해준다는 말과 상통한다. 나를 이해해주는 사람을 만나면 인생도 바뀔 수 있다. 왜냐하면 그 사람이 내 자존감을 높여주기 때문이다. 내 주위에 그런 사람이 없다면, 그런 사람을 만나기 어렵다고 생각한다면 오늘부터라도 내가 그런 사람이 되어보도록 노력해보는 건 어떨까?
나도 그렇지 못하면서 남들이 내게 그렇게 해주길 바라거나 그런 사람을 만나길 기다린다는 건 정말 염치없는 게으른 발상 아닐까?
세상을 살아가면서 만나는 인연 중에
가장 소중한 사람이 있다면
나의 자존감을 높여주는 사람이다.
가장 좋은 사람은
나를 크게 만들어주는 사람이다.

Person 24

고마운 사람

정말 고마운 사람은
수렁에 빠진 나를
살려주는 사람이다.
그보다 더 고마운 사람은
나를 살고 싶게 만들어주는 사람이다.

Person 25
___
소중한 사람

세상을 살아가면서

많은 사람을 만나고

또

많은 사람과 이별을 한다.

그중에서

나에게 가장 소중한 사람은

나의 자존감을 높여주는 사람이다.

그 사람이 나를 살게 해주는 사람이기에.

Person 26
인연

같은 솥의 밥을 먹으면 칠백 생의 인연
같은 피를 나누면 구백 생의 인연
부부로 만나는 것은 천 생의 인연이라 했다.

천생연분은 여기에서 나온 말이다.
지금 옆에 배우자가 있다면
그 사람을 우리는 천 번의 생을 거쳐 만난 것이니
어찌 소중하지 않을 것인가.
그러나 같이 살고 있지 않다면
아직까지 천 번의 생을 거치지 못하여
그 사람을 만나지 못했을 뿐이다.

Person 27
자존감

자존감이라는 거는
내가 마음먹으면 올라오는 게 아니라
내가 어떤 성취를 한 거에 따라오는 부산물이다.

Person 28

앞이 안 보일 때

너 나 할 것 없이
누구나가 인생을 살다 보면 앞이 안 보일 때가 있다.
밝은 데 있다가 어두운 데 가면 깜깜해진다.
그럴 때 기다린 밝음이 서서히 다가오듯
길이 안 보일 때는 기다려라.
어둠에 가려져 있을 뿐 그 길은 거기에 있다.
묵묵히 내 일을 하면서 기다리다 보면
새벽이 오는 게 보이고 그 길이 보인다.